千年百姓

从族谱中解读长沙姓氏

中国人民政治协商会议长沙市委员会 编著

湘潭大学出版社
XIANGTAN UNIVERSITY PRESS

二〇二五年
乙巳岁榖旦刊

《千年百姓——从族谱中解读长沙姓氏》编委会

主　任： 陈　刚

副主任： 彭民安　陈剑文　刘金文　陈昌佳　黄　锋　黄　梁　刘志红　李　舜　杨　俊　郑力虎

主　编： 李　舜

副主编： 王清华　谢雯晟

编　辑： 王　强　曹　琪

【序 言】

习近平总书记强调，家风家教是一个家庭最宝贵的财富，是留给子孙后代最好的遗产。不论时代发生多大变化，不论生活格局发生多大变化，我们都要重视家庭建设，注重家庭、注重家教、注重家风。

家庭是社会细胞，族谱勾勒家族历史脉络，家风筑牢城市文明根基。长沙深入践行习近平文化思想，坚持以文化人、以文化物、以文赋能、以文兴业，大力推进文化强市战略。传承好家风、培育好作风、引领新风尚就是其中关键一环。为更好担负新的文化使命，我们紧扣市委、市政府中心工作，聚焦国家历史文化名城建设，充分发挥政协文史工作存史资政、团结育人作用，策划编撰“千”字系列文史丛书。继《一步千年——走进长沙历史步道》《千锤百炼——“长沙制造”那些事》后，《千年百姓——从族谱中解读长沙姓氏》正式出版。我们从姓氏族谱切入，收集文史资料，走访有着 40 多年收藏、研究、编修族谱经验的长沙仰岳楼家谱馆，并与各姓氏谱牒编撰及研究人员座谈，集思广益、守正创新完成编撰。尝试从姓氏族谱维度，探寻长沙“三千年城址不变”的城市文明发展脉络，将传统族谱文化与社会主义核心价值观有机融合，提炼富有时代价值的家风内涵。后续还将推出《千韵百景——以诗词解读长沙地理之美》。

回望来时路，在上古母系氏族社会，我们的祖先就懂得运用姓氏符号区分血脉，建立婚姻，繁衍后代，实现优生优育。姓氏就成为中华民族文明的重要标识。

长沙古属荆蛮，在部落时代就有土著姓氏，如向氏、龚氏、望氏等，他们生活在湘江两岸。在出土的生活器皿等文物上，留下了这些姓氏的印迹。

春秋时期，长沙被称为“熊湘”。楚武王熊通开发长沙，熊绎是楚国始封君，楚昭王熊壬亲临长沙。楚国贵族屈氏、伍氏、靳氏、项氏等，纷纷来长沙开疆拓土，开枝散叶。

贾谊担任长沙国第五代长沙王吴著的太傅，他通过走访调研，在向汉文帝上书的《治安策》一文中写道：“长沙乃在二万五千户耳。”他是统计长沙古代人口精准数据的第一人。同时可以从人口数据中窥探出汉朝长沙姓氏的丰富性。贾谊过世后，为表彰他的成就，汉武帝下旨修复长沙贾谊故居并立“贾太傅祠”。每年清明节，各地贾谊后人纷纷来到长沙太平街贾谊故居祭祖。

长沙又称“屈贾之乡”，两千多年前，司马迁风尘仆仆，来到长沙凭吊偶像屈原和贾谊，写出了《史记·屈原贾生列传》，其中留下屈、贾两姓氏与长沙的渊源。司马迁行走在长沙，急切寻访屈子后裔，问渔父村夫，皆不知晓。后来长沙《屈氏族谱》解开了司马迁未解之谜。据传屈原有三子：孟师、仲虞、季敏。次子仲虞的曾孙屈巨智在楚汉战乱中从长沙迁到望城乔口居住。

长沙马王堆古汉墓，轪侯利苍、夫人辛追、儿子利豨家族墓葬出土，结合东汉黎氏族谱和《汉书》发现墓主为黎氏。他们的后人竟然一直居住在长沙黎托、上黎家坡巷、下黎家坡巷，并在浏阳繁衍八个支系。长沙黎氏分甲一、甲二两房。甲一守长沙轪侯黎朱苍祖墓，甲二去巴陵发展。他们承袭轪侯和辛追夫人血脉。

长沙是北方移民奔赴的乐土。三国豪杰纷争，西晋永嘉之乱，唐安史之乱，五代十国，南宋偏安，直至元朝，北方士族为躲避战乱，纷纷迁往相对安定的长沙。北宋初年，长沙以二十万人口，跻身于全国六个特大型城市之列。北宋《百家姓》收录的 504 个姓氏，长沙都有，甚至还有《百家姓》没有收录到的罕见姓氏，如浣、雍、边氏等。

明朝初年“江西填湖广”，大规模江西移民来到了长沙。根据江西吉水县族谱统计，150 多个村庄均有移民来到长沙。如江西吉水县《杨氏谌陂北坑房草谱》记录，赞郁、赞常兄弟迁居湖广宁乡。长沙宁乡杨氏记载赞郁、赞常兄弟，繁衍 20 多代，清朝雍正五年（1727）一修族谱，到 2000 年已有七修族谱。清朝乾隆三十年（1765），三大支共建祠堂在宁乡县城化龙溪北岸。

人人皆有姓，有姓则有谱，有谱就有传承。本书纵览长沙千年文脉，横陈姓氏谱系大观，熔铸家族记忆与城市精神，化小众族谱资源为公共文化产品，铺就回溯历史、触摸城市的文明通途。湖湘文化源远流长，长沙精神永葆青春。

是为序。

长沙市政协主席、党组书记　陈刚

【导 读】

国史、方志、族谱是承载历史的三驾马车。国史和方志由官方编修，族谱由私家编撰。族之有谱，犹国之有史。通过修族谱，睦宗族，兴教化，矫正风俗，安定社会，这是中华民族的优秀传统。

《千年百姓——从族谱中解读长沙姓氏》（以下简称《千年百姓》）历时三年由中国人民政治协商会议长沙市委员会编撰成书。本书在编撰过程中，正视族谱存在的现实价值，在使用族谱史料时，注重结合国史与方志的同时代史料交叉验证。在考辨史料真伪方面，着力排除族谱中攀附名人、对先人溢美、隐恶扬善等弊端。能够正确扬弃，如摒弃过时的封建宗族观念，弘扬族谱的现代价值。

《千年百姓》以时间为经、百姓族谱文献为纬，从族谱家族世系、人物事迹、迁徙轨迹、祠堂墓图、姓氏地名、家风家教等视角入手，“见人、见物、见精神”，补充官方国史、方志记录，拓宽了“三亲”史料的收集范围。

《千年百姓》引用了诸多姓氏族谱的人物和事件，穿插大量族谱记录，并提出姓氏地名理论，论证了“左家塘”“马王堆”“杨家山”“曹家坡”“袁家岭”“彭家井”“侯家塘”等地名从家族聚居标识到公共空间符号的演变，为大众了解长沙提供了丰富翔实的地方记忆读本，具有较强的可读性和感染力。

自楚武王开发长沙，使其成为南方战略重镇开始，到今天长沙已是拥有千万人口的大城市，这是无数姓氏家族努力奋斗的结果。因篇幅有限，本书仅介绍了一百多个长沙姓氏的相关情况，其中有熊、屈等扎根千年的本土大姓，也有李、金等移民家族，更有浣、边等罕见姓氏，构成鲜活的地方人文图谱。

2025 年 4 月，经湖南省地方志编纂院专家学者审核，认为该书以长沙地区姓氏为切入点，依托族谱，填补了区域姓氏文化研究的空白。编者从历史学、社会学等学科交叉视角，记述了姓氏与地方社会结构、移民史及文化认同的深层关联。本书兼具学术价值与人文关怀，使传统谱牒在当代学术框架中焕发新生，是一部基础较好的地域文化研究力作。

【目 录】

第一篇

筑城长沙的土著

春秋五霸、战国七雄之一的楚王熊氏，在长沙经营了800多年。楚国的贵族被派往长沙，筚路蓝缕，建立城池，开疆拓土。

长沙被称为“屈贾之乡”，不仅有屈原和贾谊代表的楚辞和汉赋赋予的文化意义，而且屈原的后裔就一直生活在长沙。罗氏也是长沙的土著，汨罗发掘了春秋时期的古罗子国遗址。伍氏堂号为“武陵堂”，这个姓氏几代人辅佐楚王。伍子胥逃亡时，藏匿了儿子在荆楚。向氏是蛮族，他们生活在长沙母亲河湘江两岸。楚国开疆拓土，把他们排挤到了大湘西，成为土家族的大姓氏。

长沙熊氏

熊氏源流

周朝楚王熊绎是楚国始封君。熊是一个非常尊贵的姓氏，楚王和继承王位的嫡子才能姓熊。其余的儿子都是按照封地、爵位、官职赐姓和立姓。如楚武王的大儿子熊赀继承楚王熊姓，而另一个儿子瑕封屈地，姓屈名瑕，即屈姓始祖，屈原是屈瑕后人。

叙
自鬻子爲文王師系出 高陽氏之孫 陸終第
六子 季連爲芈姓其子 附叙封於熊爲有熊
氏故都故 鬻子生名熊周初封爲楚祖壽齡九
十見文王自稱坐國策倘少學深養遂著書曰鬻
子雖秦燬多闕而序述者必以鬻子爲諸子之首
撮其要語有曰君子之謀能必用道能必忠富哉
斯言道大難名忠先盡己則開南國文教之先者
斷自鬻子始周成王十有七年封其曾孫 熊繹
於楚因曾大父之命名以地受氏曰熊者則自

熊氏族譜 卷首 叙 一 江陵堂

繹始顯自周初贈姓以來逮
熙朝定鼎歷三千餘歲之久而累世簪纓史不絶書代
有高人顯宦何教澤之深且長耳本邑熊生楨輔
者與余爲表眷曾館於家而授業焉其兄振漢又
與余族鴻軒有戚好故得深悉家世乃祖 九洲
公道義自處忠厚傳家適與鬻子之教脗相符合
楨輔髫齡岐嶷 九洲公撫摩噢咻悵然於族譜
未續不獲引爲己任貽謀而預囑其繩武也楨輔
果念祖聿修初不以三百餘年之繁丁及百里千
里之散處爲艱依老譜及兩次舊稿釐正增訂輔

清道光二十年（1840）《熊氏族谱》

根据《中华熊氏通谱·第五卷》记载，秦灭楚，熊堂、熊洪、熊德冀、熊金龙、熊琮去了江西丰城。经过两千多年繁衍生息，熊姓后人遍及中国。长沙是楚国重镇，楚武王熊通开发长沙，熊氏称得上长沙土著姓氏。

楚王熊绎打造的品牌“长沙鳖”

长沙鳖外交。鳖即甲鱼。周朝《逸周书》里记载，熊绎进献长沙鳖给周成王，在庆祝洛邑城落成宴会上，“长沙鳖”味美大受欢迎，声名大振。

长沙人至今还以“长沙鳖”自称自娱，透出一股子历史感和亲切感。长沙甲鱼更成为一道名菜，红烧清炖，煎炒烹炸，口味各异，皆有独门秘笈。

熊氏与“熊湘”

历代熊氏楚王开发长沙，大力引进人才，派遣熊氏宗室的文臣武将和贵族前来长沙落户，大兴土木，拔地而起一座全新的城邑。城外依山临水之处建有戍城、戍所，保持三千年城址不变动。公元前 491 年，楚昭王熊壬沿湘水而上，到长沙视察。长沙、湘潭、株洲三市交界处的昭山，因楚昭王至此得名。楚王宗室上官大夫靳尚封于宁乡，死后葬在今宁乡罗田村，墓址尚存。战国时期，长沙已经成为楚国重镇，有“熊湘”之称。

长沙东塘熊氏

熊氏大多于明洪武初年从江西迁来。长沙河西仲璜公后裔居长沙河西、宁乡、浏阳、湘潭、益阳等地，是大家族。清朝阖族建祠堂在长沙市黎家坡，祠毁于抗日战争“文夕大火”。今天黎家坡有一巷名熊祠巷，即熊姓总祠堂原址。

清朝五修族谱时，仲璜公支系统一了 40 个字辈：仲梓万永伯，庭梧引凤鸣。梦国光华盛，传家世泽荣。诗书敦钜典，文学振先声。运际承平会，人才树令名。

《江陵熊氏长沙东塘世系族戚录》

1999 年编撰的《江陵熊氏长沙东塘世系族戚录》，是长沙仲璜公支系聚居在东塘的一部房谱。记录了清道光三年（1823）第十五世到二十一世即盛、传、家、世、泽、荣、诗七代人的齿录，包括外嫁女儿、女婿、外孙的信息。实行男女平等，符合时代特色。这本熊氏族戚录是 200 多年以来长沙熊姓人在大背景下繁衍的标本。

清道光三年（1823）出生的熊盛堃、清道光七年（1827）出生的熊盛葆兄弟于清同治年间由河西迁居东塘，在今天东塘广场北侧修建了住宅。弟弟盛葆是清太学生，例赠中宪大夫，有志向和抱负。这是一个起点很高的家庭。

长沙东塘熊氏第二代传字辈有七子，全部受到良好教育并大多获取了功名。

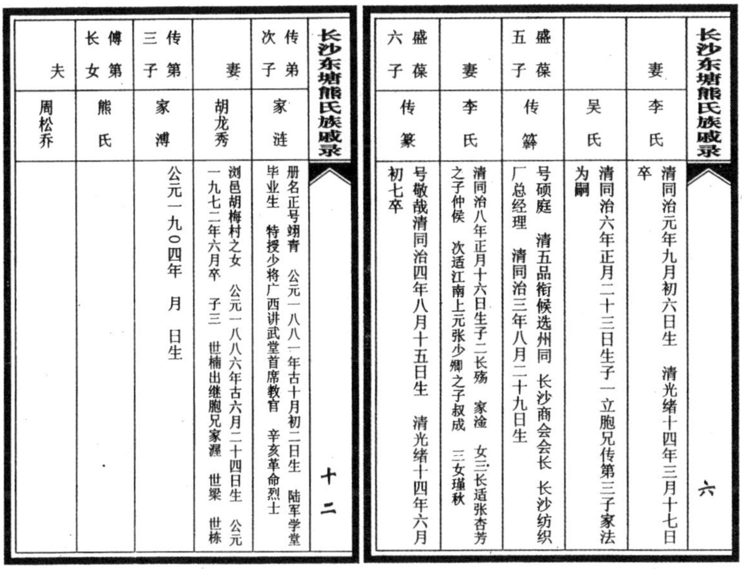

长沙东塘熊氏族戚录　六

称谓	姓名	Notes
妻	李氏	清同治元年九月初六日生　清光绪十四年三月十七日卒
	吴氏	清同治六年正月二十三日生子一立胞兄传第三子家法为嗣
盛葆五子	传簳	号硕庭　清五品衔候选州同　长沙商会会长　长沙纺织厂总经理　清同治三年八月二十九日生
妻	李氏	清同治八年正月十六日生子二长殇　家淦　女三长适张杏芳之子仲侯　次适江南上元张少卿之子叔成　三女瑾秋
盛葆六子	传篆	号敬哉清同治四年八月十五日生　清光绪十四年六月初七卒

长沙东塘熊氏族戚录　十二

称谓	姓名	Notes
传弟次子	家涟	册名正号翊青　公元一八八一年古十月初二日生　陆军学堂毕业生　特授少将广西讲武堂首席教官　辛亥革命烈士
妻	胡龙秀	浏邑胡梅村之女　公元一八八六年古六月二十四日生　公元一九七二年六月卒　子三　世楠出继胞兄家渥　世梁　世栋
传第三子	家溥	公元一九〇四年　月　日生
傅第长女	熊氏	
夫	周松乔	

《长沙东塘熊氏族戚录》

注：长子传第，清附贡生留学日本士官学校。二子传籍，云南候补州吏目。三子传范，清宣统元年（1909）署理广东惠州府长宁县知县加同知衔。五子传干，清五品衔候选州同知，长沙商会会长，长沙纺织厂（裕湘纱厂）总经理。

长沙东塘第三代熊氏家字辈共有 28 人，是人丁兴旺的大家庭。他们纷纷进入新学堂，向军界、商界发展。

1938 年抗日战争期间“文夕大火”火烧长沙，东塘熊氏避难星散。据族谱记录，第四代有随同长沙纺织厂搬迁安化、洪江出生的孩子，有逃难到贵州独山、桐梓等地的家人。据族谱统计，大家庭因战争遇难 5 人，失联 5 人。1949 年，政权更迭期间，家族成员有随国民党去中国台湾的，或移民美国的。

1995 年清明节，东塘熊氏相约在长沙扫墓时，在江西安家的熊世模，访到长沙东乡熊伯奇家保存的民国十年（1921）六修族谱一匣。他们共同策划，推荐了于 20 世纪 20 年代出生，熟知大家庭变迁的三位世字辈世模、世植、世梓担任族谱主编。经过三年面询函调，搜罗回忆，完成修谱事宜。修谱所用费用由定居加拿大、中国台湾的熊氏提供。通过修谱，找到了抗日战争中逃难到贵州独山，现定居安徽肥东的一家人，以及定居在北京市、哈尔滨市、上海市、武汉市、攀枝花市的熊氏族人。

长沙熊氏支系

浏阳鸡子岭熊氏：迁湘祖开植公，字瀛洲，明洪武二年（1369）由江西丰城县瓘上迁长沙五美乡龙树湾。数传至翠宇公，迁浏西鸡子岭。族人分布于长浏一带。至 1949 年，已传 22 代，共 3000 余人。宗祠设浏阳智道乡西港仓。

浏阳槐园熊氏：始迁祖启明公，字对坪，明万历年间自江西丰城县石滩街田垛里徙居湖南浏阳西乡镇头市西满仓槐园。至 1948 年，已传 16 代，清光绪十年（1884）三修族谱。

浏阳西乡熊氏：始迁祖上玖、上珍、上泰，清雍正四年（1726）自广东潮州府平远县东石乡迁居浏阳西乡。

浏阳江口熊氏：始祖宗维公，自江西丰城县迁长沙金鸡桥，其裔孙大方始迁浏北江边，后分居稻田段、栗树坡等地。至清光绪三十三年（1907），已传20余代。

宁乡熊氏：始迁祖图南公，明中叶自泰州徙居江西丰城。清康熙五十五年（1716），国臣孙藩世偕弟藩继子温林亦徙宁乡，居洪山庙营冲。该族名人：熊复元，花翎总兵记名提督。原派：南熊廷尚希，鸣周国政奇。百世钟人文，克道应仲宜。迁楚老派：珷冕朝北，国仕藩温。维周之桢，明润业煌。新派：升鉴江林照，增铭泽本煊。圭钟湘楚焕，孝锡汉樛辉。经义鸿猷裕，勋高美赞襄。崇儒贤继起，励志自荣昌。

长沙屈氏

屈氏源流

春秋初年，楚武王熊通的儿子瑕，因功封于屈地，以封地屈为姓，是屈氏始祖。屈瑕的哥哥熊赀即楚文王，屈氏是楚国王室宗室。

屈氏四修宗譜　卷一　三修總敘　三七　惇敘堂

合族源流敘

聞之源遠者其流長欲窮流之支派必溯源之本宗蓋得其本而其支以漸而分者雖百世可知也按余　屈氏得姓自春秋楚武王子瑕封於屈後以爲氏楚懷王時　原公爲三閭大夫掌　屈氏昭氏景氏三家宗法屈氏始自楚公族無疑已其後傳於承開卜居江南復旋湘陰由瀧右遷蜀遷豫越數百年至宋太宗時有官吉州路太守者曰

民国三十二年（1943）《屈氏四修宗谱》

屈瑕担任大莫敖。大莫敖是权力仅次于国王的楚国官职，由楚王宗室成员担任和世袭，负责掌管国家祭祀、军政、外交、教育，率兵出征和主持盟会等。

楚文王熊赀和历代屈莫敖都能征善战，征服了罗、邓、绞、申等国，楚国的版图在他们的手中变得更加广阔，建立了郡县制，迁都江陵，成就霸业。

屈氏与长沙渊源深厚。屈原的先辈莫敖们为实现楚武王开发长沙的雄才大略，一马当先，筚路蓝缕，以启山林，在长沙筑城，剑锋直指沅水、澧水流域。楚武王在汉寿建有皇城，楚平王在常德白马湖畔筑有采菱城，楚襄王在临澧县九里建筑了特大的澧阳城。

屈原是屈氏第十四代：屈瑕—屈重—御寇—赤角—屈荡—屈到—屈建—屈生—屈罢—屈春—屈固—屈宜恤—屈伯庸—屈原（平公）。

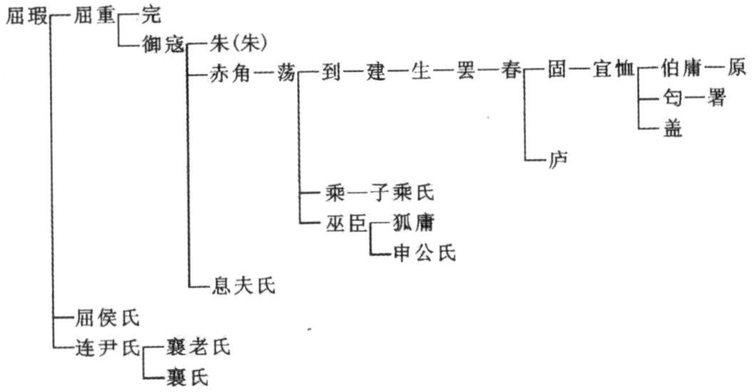

《屈氏族谱》屈氏世系总图

屈原和长沙

屈原（前 340—前 278），战国时期楚国重要的政治人物和文学家。在楚怀王时，他出任左徒，负责外交，提倡联齐抗秦，锐意改革进取。他还担任过三闾大夫，负责掌管编撰王室宗族昭、屈、景三姓的谱牒，主持宗庙祭祀和负责贵族子弟教育。

屈原在三湘四水行吟的诗歌体被称为“楚辞”，有《离骚》《九歌》《九章》《天问》《招魂》《渔父》《怀沙》等。他是最早歌唱长沙的诗人，满篇楚语楚声，说楚地人，状楚地物。其诗作生动描绘了长沙风物。

62岁的屈原，在五月初五那天，得知楚国郢都被秦国攻破，在距离长沙40里地的汨罗江河泊潭自沉明志。两岸军民奋力划船抢救，怕龙鱼伤及屈大夫，老百姓纷纷往江里投放粽子。这是“端午节”吃粽子，划龙舟，纪念屈原的来历。“楚人歌屈原，千载意未歇。”

西汉贾谊来到长沙，写下《吊屈原赋》，抒发对屈原的赞叹。司马迁二十岁游江南，特意到长沙，去屈原沉江的地方追念。他给屈原、贾谊两人写了一篇合传《史记·屈原贾生列传》。长沙从此被称为“屈贾之乡”。

屈原后裔在长沙

据长沙《屈氏族谱》记载，屈原长子是孟师，二子是仲虞，三子是季敏，分为三大房。楚国灭亡，二房仲虞的曾孙屈巨智为避秦汉相争之祸，迁居到湘江西岸的望城乔口镇居住。

屈原后裔在乔口建屈子庙，宋朝时扩建为三贤祠，供奉屈原、贾谊、杜甫。元朝黄澹在祠里设义学，皇帝诏赐乔江书院，又称乔口书院。

长沙市的屈氏聚居在开福区竹隐社区屈家湾。长沙县的

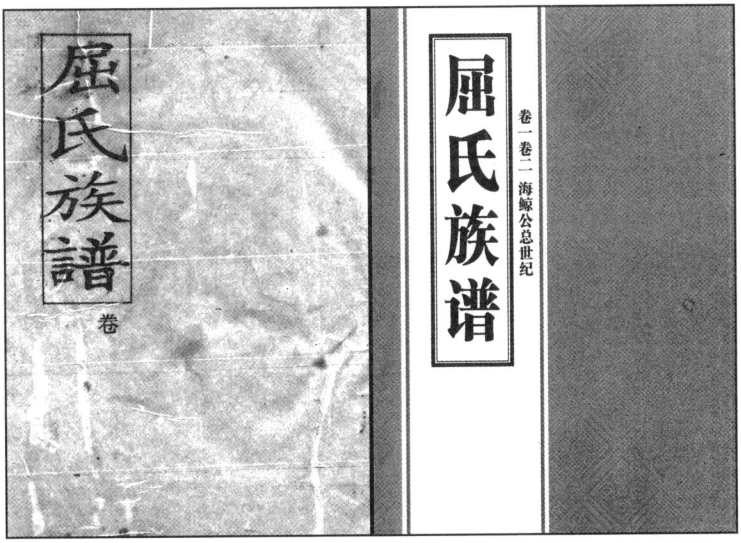

果园镇九峰公 2024 年《屈氏族谱》与老族谱

屈氏聚居在路口镇花桥湾村跃进组。他们都是九峰公的第七世孙儒林郎太德公由浏阳北乡茅田迁居长沙县之后的后裔，2024 年新续修族谱。36 个字辈：峰端希棋，海正德大。荣昌添生，再本楚泽。忠厚承先，家声克振。肇启英贤，联平全福。庆善永芳。

长沙罗氏

罗氏源流

罗姓先民曾是捕鸟部落，发祥于河南罗山和湖北罗水。楚文王将罗氏遗民整体迁至枝江，其后裔于周代晚期再迁至汨罗。秦始皇统一六国，在罗氏领地设置罗县，隶属长沙郡。各地《罗氏族谱》记载："秦朝罗君用，古罗县人。"今天汨罗城南铁罗坪，还是当年罗君用公铸铁的地方。罗君用因督运官铁，溺死洞庭湖，老百姓在长沙善化县小西门外河街建祠纪念。

唐朝初年，罗县并入湘阴，1966 年又从湘阴划出，设汨罗县。1957 年，在汨罗屈原农场内，发现春秋战国罗子国故城遗址和墓葬，建成古罗子国城遗址博物馆。2013 年，遗址被评为国家级重点文物保护单位。1978 年，长沙近郊出土东汉印章"罗长之印"。罗县、汨罗等带有"罗"字的地名，地下出土文物，《中华罗氏大成谱》的记载都证实罗姓与长沙的渊源。

长沙《中华罗氏大成谱》

2019 年，《中华罗氏大成谱》在长沙颁发。该谱上承荆楚罗子国，历秦汉两晋唐宋元明清几千年，收入全国 30 个省（区、市）和海外罗氏，全套 20 卷本。皇皇巨著，寻根宝典。

罗君用的儿子罗珠，追随汉朝名臣灌婴至豫章，定居南昌，开枝散叶，成为豫章罗氏大支系。唐朝末年，朝堂式微，族谱从代表权利和地位的官修，走进注重谱系和文化的私修，朝廷盐使罗仪贞公留下了私修大成谱遗稿。宋朝进士罗元杰公以曾祖父仪贞公遗稿为蓝本，与侄儿立行公历游长沙、永平、襄阳、豫章等地，访宗问族，参互考订，编纂一修大成谱。同僚欧阳修、刘公敞各赠序言一篇。元朝二修，由豫章罗氏分支吉水秀川罗文节编纂。明隆庆年间三修，由南昌县柏林罗盛得编纂。清朝乾隆、嘉庆、道光年间，又分别进行了三次编修。

2019 年《中华罗氏大成谱》

随着古罗子国遗址的挖掘，2011 年 4 月，第七修《中华罗氏大成谱》终于移师长沙。由长沙罗建文、娄底罗建平担纲，出任编委会主任和总编辑。2014 年 10 月，在罗珠故乡湖南浏阳举办“首届豫章罗氏珠公文化研讨会”。

岳麓书院山长罗典

罗典（1719—1808），是从江西吉水迁长沙府湘潭鼓磉洲罗氏的第十三世，退休后担任岳麓书院山长。他主持岳麓书院 27 年，被地方官表彰 4 次，吏部记功 8 次。

罗典智慧超群，获湖南乡试举人第一名，朝廷进士一甲第四名的好成绩。步入仕途后，任多届科举考官，试卷必一一过目，唯恐英才遗珠。

他担任岳麓书院山长，把自己的全部俸禄都投入书院，让每年 60 个公费名额增加到 120 个。清道光以来，湖南人崛起，“中兴将相什九湖湘，湖湘英杰什九岳麓”。岳麓书院走出来的人才有陶澍、何绍基、贺长龄、贺熙龄、魏源、曾国藩、胡林翼、左宗棠、郭嵩焘、李元度、罗修源等。

罗典主修了《鼓磉洲罗氏四修族谱》，把教育理念贯穿于族谱。他撰写的族谱序言被继任者欧阳厚均山长编入了《岳麓诗文钞》。在他的带动影响下，学子们纷纷效法修族谱、家谱。清道光、咸丰、光绪及民国年间，涌现出一批三湘名谱。

鼓磉洲罗氏第二十世罗宏教授，沉迷研究族谱里的人和事，搜寻先人故事、书信、诗作、墓志等，写成了一部五彩斑斓的家族史《湖湘世家：鼓磉洲罗氏》。这部由岳麓书社出版的湖湘文化世家全景式家族史著作，经著名学者唐浩明、龚曙光、王跃文联袂力荐，于 2020 年出版发行后迅速登上岳麓书社第二季度畅销书排行榜，全年持续热销。人们循着一个家族的足迹读湖湘历史。鼓磉洲罗氏的字辈从第九世起为：一本作新，绍修世德，正学传家，纯诚光国，远慕高瞻，培基厚泽，于万亿年，孝思维则。

长沙罗氏支系

长沙渠湾罗氏：始祖友祥公，原籍江西南昌府丰城县，庠生，明天顺年间来湖南省城南门外杏花村大椿桥，入赘王伏泗家。后人迁居大石潭，又迁至渠湾市。从友详至清光绪末年，繁衍 18 派，人丁 1474 人，聚居长沙渠湾、望城坡、三汊矶、云母乡，分布宁乡、铜官、丁字湾及南京、四川等地。清道光四年（1824）修建罗氏家庙于今长沙市黄兴路。1931 年成立敦饬堂祠董会，于祠内开办私立敦饬小学，校长为罗泽熙。派语：教振家声，大宜克笃。茂本培元，植基广泽。迪惟有光，恒崇先烈。继序其荣，宏开佑锡。

长沙洞阳罗氏：江西宜春圣章公子四，即孟良、孟德、孟鼎、孟元。明洪武七年（1372）迁湖南省城织机巷，后居北门外盐厂街，明洪武十年（1375）孟元迁湘潭，孟德迁茶陵，孟良迁大贤都白沙河，孟鼎迁临湘都大山。良鼎二公居址最近，子孙派次两不相紊。嘉庆巳未，卜龙门岭新建祠宇，春秋享祀，聚会一堂。霭然者亲睦之意，秩然者长幼之伦。非先泽之培植，乌能若是哉。2015 年冬，良、鼎二公嗣孙等共议续修谱牒，查老谱搜寻旧迹，继心研究，不敢附会，不敢遗漏。2024 年修出族谱，主编罗建文。字辈派语：（旧派）孔圣孟子，政崇单大。世应承继，永尚朝廷。（新派）文开泰运，光耀家声。先泽源远，盛德昌荣。士林振拔，名教克敦。缙延定启，亦裕隆兴。

浏阳通判罗氏：浏阳罗氏多为遵生系洪德公九妻十八子与企生系铭公九妻十八子后代。始祖振公，为洪德公裔孙，原居福建连城县瓜田里。元至大年间仕广东潮州通判。因战乱干戈，遂居广东程乡县溪都下寨油房，配万安古氏，生子伯五。伯五生迁伯，迁伯传兴贤、兴隆。兴隆字文星，生于元至治二年（1322），徙居湖南零陵陈家漯，生子应明，应明生惟政、惟敬。惟政举进士，生英、俊、贤、能。惟敬登贡，生玫、琼、璋、珪。璋生铎，九传祖缘，生福祥、福佑。十三传祥公后裔廷瞻、廷选、廷云、廷弼。清康熙三十三年（1694），廷瞻、廷选二公因地狭人稠而自广东迁湘，择居浏阳县东乡下四都之版贝，开户立籍五十三都三甲，册名罗钟贵。廷云、廷弼二公亦同时迁居浏阳县东乡下四都之沙江。子孙昌盛，支分达浒、泥乌、黄泥道、沙江、版贝等处，号称通判罗氏。祥裔派语：廷臣瑞生常，文章华国光。兴仁开永世，余庆启家堂。崇道荣先后，存心显善良。兰馨联桂馥，远代益隆昌。佑裔派语：廷臣瑞生大，九有应声名。礼义承前德，忠贞耀祖情。本丰培可盛，流广集恒清。守正规模立，时雍景象明。公派：朝尊元佐，位待英贤。纯儒端品，敬睦宜全。修和济美，教养引年。腾蛟起凤，春诵夏弦。惟勤克俭，继述相传。

宁乡罗宦冲罗氏：始祖南勋公，唐魏博节度使，封爵长沙。子绍威袭父爵。绍威长子应隆公因五代世乱而弃封隐居宁乡东乡长冲。应隆四传至六派祖仲儒公，字幼卿，宋绍熙进士，擢户部员外郎兼右谕德，卜居宁乡东乡罗宦冲。仲儒公孙四，即光辉、光耀、光桂、光材，衍为四房。罗氏宗祠原建于宁乡县城内西街，清乾隆三十一年（1766）徙建于西门外街，清同治三年（1864）迁建于龙潭湾。三十三派孙罗焌，字树棠，民国年间任湖南大学教授。字派（自第二派始）：应世天文仲宝光，山川献瑞颂呈祥。作锡开怀惟万茂召庭承祖学。饶鉴清洪正，诗书继起长。盛名昭纪策，尚达定宣章。

长沙向氏

向氏源流

长沙向氏是极富代表性的土著姓氏。他们原是生活在湘江两岸的“相”部族。以相为姓氏，读作“xiāng”，母亲河湘江的湘即“相”加三点水。

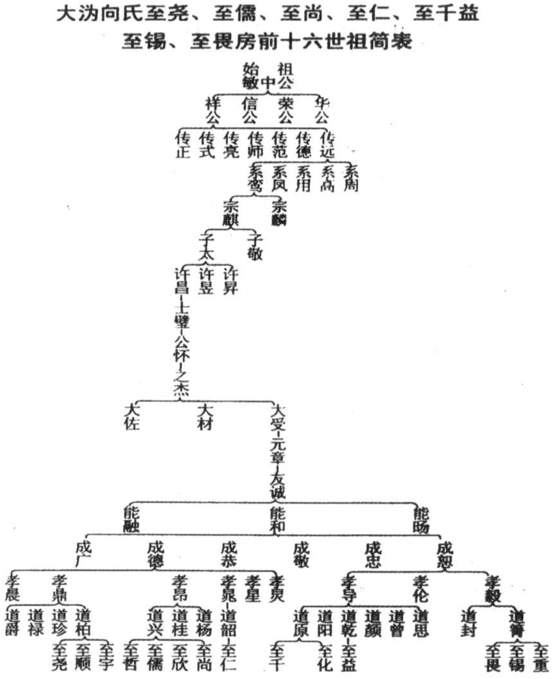

2004 年《大沩向氏族谱》

熊氏楚王开发长沙，相部族被驱逐到湘西，改称向氏，成为湖南湘西、湖北恩施土家族的大姓氏。谭其骧教授在《近代湖南人之蛮族血统》一文中说：“向氏为湖南蛮姓中之最早见于记载者。……相、向同音而异译也。”

直到北宋初期，澧水流域车溪洞土家族头领向克武才率领土人归附宋朝。宋开宝五年（972），朝廷下旨改车溪洞为柿溪州，授向克武为柿溪州宣抚使，允许他的子孙世代承袭官位。柿溪州宣抚司衙署驻地在今桑植县上洞街乡政府。

大湘西向氏支系

向氏是湘西的大姓。溆浦向氏是桑植车溪洞向氏的分支，于南宋徙溆浦湖铛溪，是湘西向氏的代表支系。溆浦向氏人丁兴旺，散居在武冈、新化、安化、邵阳等地，各房字辈不一。800多年来，这个大族人文蔚起，进士4名，举人26名，获得其他功名者215名。1938年四房合修通谱，自二十一代起改订新班辈：派衍从中宪，厚荫延祚长。积德绳乃绪，作善发其祥。孝弟垂彝训，礼义合伦常。同敦亲睦念，左师泽流芳。

中华女杰向警予（1895—1928）是溆浦向氏第二十四世。她父亲向瑞龄在溆浦城关镇和常德经商，担任过溆浦商会会长。向警予的大哥向先钺，在日本早稻田大学专科部政治经济科毕业，在溆浦创办第一所新式学堂，加入同盟会，是湘西同盟会负责人。向警予五哥向仙良毕业于日本京都府立医科大学。辛亥革命武昌起义爆发，他参加救护队到武昌救护，获中国红十字总会救护员纪念章。1917年毕业回国后在长沙各大医院任职，抗日战争期间在沅陵十一兵工厂任主任医生。1946年担任溆浦卫生院院长，解放后在溆浦县人民医院工作直至退休。溆浦县城里有向警予故居纪念馆，城外建有向氏祠堂。

长沙向氏支系

长沙向氏由长沙、宁乡、平江、湘阴四地向氏组成。宗祠设在平江伍市，建于清乾隆五十一年（1786）。族人分布于平江长江源、石洞、大头岭、桥墩，湘阴向家洞、三合庙，长沙霞凝、麻林桥、源头洞等地，男女丁共3万余人。清光绪十年（1884）四修族谱时，任钦差大臣太子太保东阁大学士、督办新疆军务陕甘总督部堂的左宗棠与任兵部侍郎、兼理粮饷、广西巡抚部院的劳崇光都为该族谱题写序言。

长沙县与平江县交界处的砖屋向家，是毛泽东夫人杨开慧外祖父家。砖屋是清乾隆六十年（1795）进士、岳麓书院主教向曾贤修建的庄园。砖屋向家与长沙县板仓杨家是世代姻亲，杨开慧的母亲是向寿吾的女儿。向寿吾饱读诗书，却终身不入官场，悉心在家乡开馆授徒，以教育济世。因父亲去世早，杨昌济全靠舅舅兼岳父向寿吾一家照顾。1903年，杨昌济考取留日公费生，向寿吾全力资助所有费用。杨昌济是伟人毛泽东的老师和岳父。四修谱延用旧派：朝廷重贤贵，国泰振兴良。家富青云至，永载显名扬。新续派：贻裕源先德，文光曜楚云。增修逢万寿，福泽庆长延。

宁乡大沩向氏，其先祖敏中公于北宋太平兴国五年（980）中进士，历任广州知州、枢密直学士、同平章事、集贤殿大学士等职。敏中公虽身居高位，却淡泊名利，宋真宗赞其为“大耐官职”。因此，湖南向氏祠堂分别有平江“大耐堂”、大沩“耐官堂”、叙浦“耐职堂”之称。

大沩向氏九世祖大受公，元泰定年间进士，出任重庆知府，成都陷落时殉职。其弟大佐公携侄迁居宁乡好婆塘。向氏先人功勋卓著，英杰辈出，尤其在兴学重教方面成绩斐然。近代，向氏先人创办道兴学校，为族人提供免费教育。至民国初年，二十七派的瑞彝、瑞琨等八人留学日本、欧美，回国后参与梁启超的维新变法和孙中山的国民革命。二十九派哲浚，曾任远东国际军事法庭中国检察官，审判日本战犯，为国人扬眉吐气。

大沩向氏字辈：传系宗子许，友能成孝道。董世文源发，家声本楚宦。礼法修明定，英才承诏锡。士公之大元，至立可祚孔。祥瑞贤哲隆，勋业肇开封。熙朝正佐清，华国启云孙。

长沙伍氏

伍氏源流

伍氏以伍参为始祖。伍参是楚大夫右司马，他看到楚庄王日夜为乐，不理朝政，冒死进谏："有鸟在于阜，三年不蜚不鸣，是何鸟也？"楚庄王回答："三年不蜚（通飞），蜚将冲天；三年不鸣，鸣将惊人。"

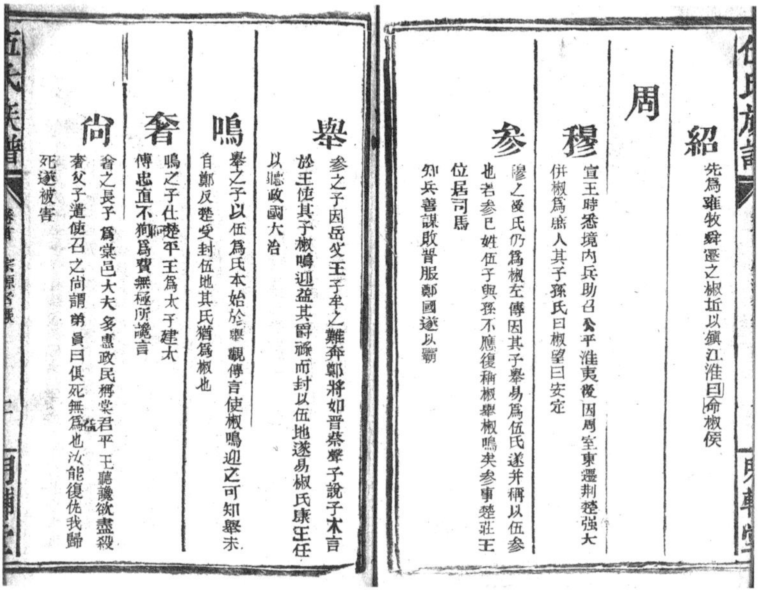
紹 先爲雍牧舜遷之椒丘以鎮江淮曰命椒侯
周
穆 宣王時憝境內兵助召公平淮夷後因周室東遷荊楚強大併椒爲庶人其子孫氏曰椒望曰安定
参 穆之後氏仍爲椒左傳因其子舉易爲伍氏遂并稱以伍参也若参已姓伍子與孫不應復稱椒舉椒鳴矣参事楚莊王位居司馬知兵善謀敗晉服鄭國遂以霸
舉 参之子因岳父王子牟之難奔鄭將如晉蔡聲子說子木言於王使其子椒鳴迎益其爵祿而封以伍地遂易椒氏康王任以聽政國大治
鳴 舉之子以伍爲氏本始於舉觀傳言使椒鳴迎之可知舉未自鄭反楚受封伍地其氏猶爲椒也
奢 鳴之子仕楚平王爲太子建太傅忠直不狥爲費無極所讒言
尚 奢之長子爲棠邑大夫多惠政民稱棠君平王聽讒欲盡殺奢父子遣使召之尚謂弟員曰俱死無爲也汝能復仇我歸死遂被害

清宣统二年（1910）《伍氏族谱》

一鸣惊人的成语故事说的就是楚庄王励精图治，南征北战，扩楚国疆域三千里，进入鼎盛时期。公元前597年，晋国、楚国在河南荥阳展开郯之战。伍参出谋献策，全歼晋军，楚王封给五邑土地给参，他以伍为姓。伍参、伍举、伍奢、伍尚、伍子胥，几代人辅佐楚国 120 多年，成就春秋霸业。

伍奢力谏楚平王，忠言逆耳触到了楚平王的逆鳞，随之要灭伍氏一门。伍奢、伍尚父子被杀，伍子胥在逃避追杀时，把两个儿子寄放在洞庭湖朋友家，保存下伍氏血脉。《伍氏族谱》都以伍子胥为始祖。

伍氏是长沙土著

2003 年，著名历史、民俗学家，湖南省社科院炎黄文化研究所所长、研究员何光岳向社会公布了他的一项研读汉寿《伍氏族谱》的成果：伍子胥是炎帝神农氏后裔，土生土长的荆蛮。

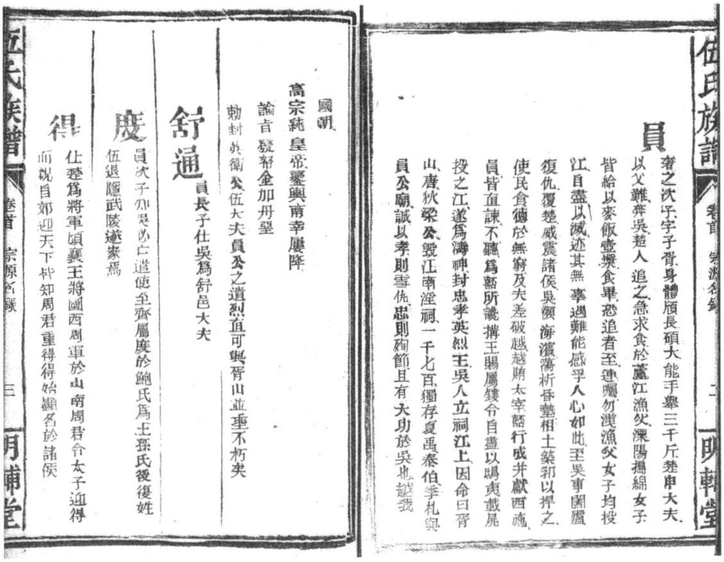
伍氏族譜　卷首　宗源名錄　二　明輔堂

員
奢之次子，字子胥，身體頎長碩大，能手舉三千斤，楚申大夫。以父難奔吳，楚人追之，急求食於蘆江漁父、溧陽揭綿女子，皆給以麥飯壺漿，食畢，恐追者至，連囑勿洩，漁父、女子均投江自盡以滅迹，其無辜遇難，能感乎人心如此。至吳事闔廬，復仇，覆楚，威震諸侯，吳瀕海濱，薄圻昏墊，相土築郭以捍之，使民食德於無窮，及夫差破越，越賄太宰嚭，行成，并獻西施，員皆直諫不聽，爲嚭所讒，搆王賜屬鏤令自盡，以鴟夷載屍投之江，遂爲濤神，封忠孝英烈王，吳人立祠江上，因命曰胥山，春秋梁公毁江南淫祠一千七百，獨存夏禹、泰伯、季札與員公廟，誠以孝則雪仇，忠則殉節，且有大功於吳也，越我

國朝
高宗純皇帝鑾興南幸慶降
諭旨發帑金加册望
勅封英衛公伍大夫員公之遺烈，直可與胥山並垂不朽矣

舒通
員長子，仕吳爲舒邑大夫

庋
員次子，亦恐必亡，遣使至齊，屬庋於鮑氏爲王孫氏，後復姓伍，退隱武陵，遂家焉

得
仕楚爲將軍，傾襄王將圖西周，軍於山南，周君令太子迎得而捉自郊迎天下，皆知周君重得，得始顯名於諸侯

伍氏族譜　卷首　宗源名錄　三　明輔堂

清宣统二年（1910）《伍氏族谱》

1918 年颁发的石印线装本《伍氏族谱》，27 卷 28 本，当时共印制 69 部。伍氏家族源自神农氏，“参”为“楚庄王

司马”；从“参”的分支中可找到“员”。族谱上记载：“员，字子胥，仕吴授大夫。”员即伍子胥。汉寿《伍氏家谱》记载伍氏的堂号为武陵堂。汉寿《伍氏族谱》与之前在湘西地区发现的土家族、苗族，贵州布依族等的伍氏谱系惊人地吻合。这就能够解释清楚为什么湖南新化三塘伍氏早在南宋绍兴二十七年（1157）就刊刻了第一修《伍氏族谱》。能够在宋朝刊刻族谱，至少是在该地有几百年历史的大族。而且各地《伍氏族谱》都直指祖源在新化三塘。新化三塘《伍氏族谱》介绍，伍子胥二子度公隐居武陵，从汉至唐其后代皆居此，武陵即今天的常德。1992 年，新化伍氏颁发《伍氏十一修族谱》，为后人解读伍氏家族历史。

《唐故伍府君墓志铭》记录了魏晋南北朝武陵人伍袭、伍潮、伍安平等人出自武陵旺族伍氏。墓志铭记录了武陵伍氏从春秋战国至唐会昌二年（842）1300 多年的历史。

长沙伍家井伍氏和伍家公馆

古代长沙有 9 井 13 桥，其中伍家井即伍氏在长沙居住和繁衍的佐证。井即市井，长沙伍家井是一条百多米长的麻石街，店铺林立两旁，是人们从事交易活动的场所。这里有一口深井，水非常清澈。20 世纪 80 年代，家用自来水没有普及，附近的人家都到井边取水，麻石街面总是湿漉漉的。后因城市扩容，人们四处迁徙，在这里已经找不到伍氏人的身影。

据湖南华容章华镇万圣村《伍氏族谱》记载，他们是长沙伍家井伍氏二房新祥公的后裔。原居长沙麻里桥，清光绪末年因地少人多，为生计，奉父母和叔父母同兄弟三人，迁至华容城西万圣堂落居。子孙分居白顶山、三岔河和岳阳等地，一直沿用伍家井伍氏派语：振起维新，善全本有。定福之基，衍庆祈久。文运宏开，永世克受。培植根源，长庚盛祖。

伍厚德堂公馆始建于1946年，是长沙裕顺长钱庄经理伍芷清的公馆，成为长沙坡子街上的标志性建筑。2005年公布为长沙市文物保护单位。公馆由当时长沙有名的泥木匠人祖利凯父子建造在1米高的台基之上，建筑面积1200平方米。建筑风格为西式为表，中式为体，琉璃筒瓦，尖坡屋顶，砖混结构，粉墙围护，是一栋具有现代主义风格的公馆。

第二篇

两汉三国两晋南北朝长沙的代表姓氏

长沙王太傅贾谊《治安策》一文记载：“长沙乃在二万五千户耳。”这是长沙最早的人口统计数据。马王堆古汉墓的发掘，被誉为20世纪最伟大的考古发现。辛追夫人和长沙国丞相利苍的后人一直生活在长沙。

利苍与其儿子利豨、孙子利彭祖、曾孙利秩四代轪侯，后因事贬为庶人，定居长沙黎托、上黎家坡巷、下黎家坡巷等处，繁衍到70多代。明朝初年，长沙黎氏一支迁湘潭，其中后裔有当代著名的“黎氏八骏”兄弟。

定王台与刘氏一脉。长沙王刘发在浏城桥筑望母台，叫定王台，是长沙的中心地带。刘发有16个儿子，是汉高祖刘邦子嗣里较发达的一支。刘发的第五世孙刘秀，建立东汉，让汉朝延续195年。刘氏成为长沙的大姓。

陶渊明给长沙的族侄陶延寿写了一篇《赠长沙公》。他以长者的身份，勉励长沙公继承父业，光大祖宗美德。陶氏叔侄俩的诗作和书信往来，即证明陶氏一族在东晋时期便是长沙老街坊。

长沙吴氏

吴氏源流

周太王长子泰伯，放弃王位，文身断发与弟仲雍奔吴地立国“勾吴”，以国为氏，是吴氏开氏始祖。泰伯无嗣，弟仲雍四子。仲雍是吴姓的血缘始祖。

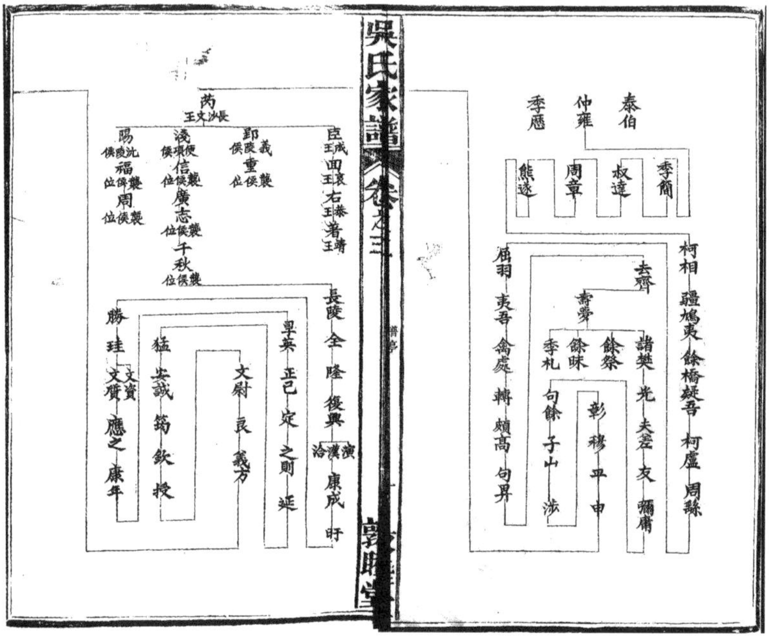

清宣统二年（1910）《吴氏族谱》

西汉长沙王吴芮（？—前 201），秦末百越领袖，初任番阳县令，后追随刘邦建汉有功被封为长沙王，都临湘（长沙）食邑三千户。长沙吴王五代无后国除，旁系在长沙开枝散叶。据 1997 年长沙走马楼出土的三国户籍竹简记载，长沙 104 个姓氏中就有吴氏。2024 年 11 月 1 日—2 日，吴氏在余干举办“纪念长沙王吴芮诞辰 2265 周年庆典”暨发谱活动。

长沙王吴芮

长沙王吴芮是春秋时期吴王夫差第八世孙。父亲吴申曾任楚国大司马，因得罪权臣隐居九江。吴芮从小聪颖，学文习武研究兵法，18 岁统兵。他先追随楚霸王项羽，后在张良劝说下,弃楚投汉。刘邦称帝,分封七大异姓王,吴芮为长沙王。

项羽和刘邦逐鹿中原，秦将赵佗趁机攻打吞并桂林、象郡等地，创立区域性政权南越国，立自己为南越武王，时而独立称帝，时而归为汉属国。吴芮父亲曾任楚国大司马，父子在南楚有很高名望。吴芮生长于南方，统领的部队善于在湿热气候里作战。

吴芮 40 岁英年早逝，长子吴臣继位遵循父亲教导。刘邦提笔写下“长沙王忠，其定著令”的诏书褒奖。吴芮长沙国一共传了 5 代，历时 46 年，依次为吴芮、吴臣、吴回、吴若、吴著。吴著没有后人，因而“国除”。历代吴氏国王励精图治，把一个稳定的长沙国交到刘氏定王手中。

据《世说新语》《搜神记》记载，吴芮去世 400 余年后，孙权挖吴芮的墓，取棺木用作父亲孙坚墓的材料。打开棺椁一看，吴芮容貌衣服鲜艳如新。后来参与掘墓的老汉在寿春见到南蛮校尉吴纲时，大吃一惊，这吴纲身材容貌竟与棺中吴芮酷似，一问，吴纲竟是吴芮的第十六代孙。三国时期，吴芮的墓被破坏，后裔将其墓迁葬安徽婺源县镇头乡鸡山。

长沙七封山延陵堂吴氏

长沙七封山吴氏，因在清乾隆年间建宗祠于七封山（今属月亮岛街道戴家庙村）而冠名。宋隆兴元年（1163），木裕、木礼兄弟从江西吉安泰和县千秋乡迁居邵阳石陂。木裕公第七世孙通惠迁辰州府穿石江。通惠公的曾孙文贵公，于明洪武四年（1371）迁长沙府安化县。文贵公曾孙孟敬公，于明永乐四年（1406）赴垦益阳，生子明聪。明聪公由益阳徙居宁乡，生子二：添荣、添志。添荣公徙籍长邑，卜居七封山，后衍为六大房，族人分布于望城、宁乡、湘阴等地。

七峰山吴氏子弟于清咸丰、同治、光绪年间陆续投身湘军，渐成湘军世家。族人骁勇善战，吴取藩、吴取正、吴取泉、吴取升、吴取民、吴桂贤、吴仁贤、吴虔贤、吴柏本、吴本虔等十余人屡建功勋，获赏蓝翎、花翎，累迁至都司、千总、总兵等职。其中，吴取正（生卒年不详，族载生于长邑河西都一甲中华岭，今属湖南长沙望城区月亮岛街道中华岭村）尤为卓异，以提督记名，简授江南寿春镇总兵，获赐正一品封典，诰授建威将军，更得紫光阁绘像、国史馆立传、敕建专祠之殊荣，为晚清湘军名将代表。

据族谱详载，吴取正于清咸丰四年（1854）投身湘军曾国荃部，时年二十五岁，初为勇目。其后历经大小八十余战，因智勇兼备，同治年间以军功擢升，光绪初年主掌寿春镇兵防，成为江淮军事重镇统帅。

长沙七封山吴氏于清乾隆二十年（1755）一修族谱，2020年完成六修族谱。派语：朝廷取贤，本因祖泽。孝友齐家，和平守业。志在经常，心仪道德。敬修其训，又绵斯则。

长沙吴氏支系

长沙星沙冷木坑吴氏：始迁祖开宏公，字佐昌，江西南昌府丰城县大培桥人，明洪武二年（1369）与弟倚正迁于星沙。后倚正应诏赴金陵，太祖擢为翰林学士，归籍南昌。开宏乃留居善化洞井铺金井塘冷木坑，继又立业湘潭高桥坝易家湾。派行：开庆思智再景日时朝万启之世上士敦正学文明大。

长沙石板桥吴氏：始祖宣公，十九代孙春敬公，原居江西南昌府丰城县南斗街铁树观圳上，元至正十一年（1351）迁居吉安府庐陵县避难。明洪武二年（1369），兄弟三人又迁长沙县大埠头吴家井。次子崇叟于明永乐元年（1403）由大埠头迁居石板桥杨林山口。清嘉庆二年（1797）创修族谱，清道光二十四年（1844）、清同治十二年（1873）、清光绪二十六年（1900）、1934年续修。清乾隆四十六年（1781）建宗祠于石板桥。派次：崇元以友万，单日思正可。必善复之申，士尚安定学。本立名显，业勤德成。宏开甲第，大启贤英。

浏阳竹山园吴氏：始祖胥宇公，明洪武初年自南昌府丰城县清江迁浏阳西城营盘街。越三世至从善公徙居北乡蕉溪岭下竹山园，从善公之子奇公生四子即益伦、念伦、本伦、瑞伦。益伦留守竹山园，念伦迁居水源冲。本伦移居大路边，传至振宇公之子北淳入赘长沙周氏，家虽在长而仍籍浏。瑞伦移居鹅峰嘴。宗祠在竹山园。派语：祖功宗德，笃庆锡光。代钟贤哲，济世安邦。学诗敦礼，桂馥兰香。家声丕振，先绪辉煌。

浏阳仙州塅吴氏：始祖璋公，长子延祚，字庆之，雄武卫上将军节度使，谱尊为第一代。十八代舜溪，元时徙湘阴。至二十代存忠，字玉明，号国宝，明正统九年（1444）在浏东仙州立业，为迁浏鼻祖。清乾隆三十七年（1772）建祠，堂号四行。清嘉庆十年（1805）创修族谱，清道光四年（1824）续修，清同治十一年（1872）三修，清光绪二十四年（1898）四修。派语（自迁浏第二代始）：彦文朝廷大，日时永世兴。祖宗仁万代，国正庆相承。孝友光先德，诗礼绍前型。佑启开昌运，显达炳元精。

宁乡老粮仓吴氏：始祖宣义公，由江西迁邵阳，后迁新化。初祖翠寰公由新化水尾迁宁乡。明万历九年（1581）、清乾隆五十九年（1794）新、宁两邑合谱，清道光二十七年（1847）、清光绪二十一年（1895）、1922 年、1994 年宁邑分修。四修时全族人口 1920 人。旧派：岐均谕忠，寿志永仁。廷兴万大，福正奉承。续派：思文肇国，应诒光家。敦原敬典，德裕章华。

长沙刘氏

刘氏源流

刘姓起源于唐尧帝。尧帝的子孙中有一人出生时手心上有“刘累”二字，刘氏奉刘累为得姓始祖。

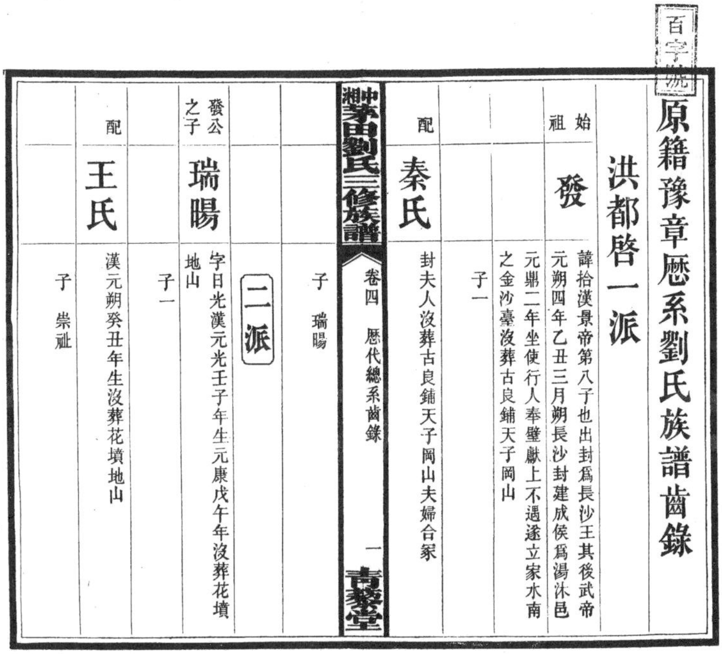
百字流
原籍豫章歷系劉氏族譜齒錄
洪都啓一派
始祖 發 諱拾漢景帝第八子也出封爲長沙王其後武帝元朔四年乙丑三月朔長沙封建成侯爲湯沐邑元鼎二年坐使行人奉璧獻上不遇遂立家水南之金沙臺沒葬古良鋪天子岡山
子一
配 秦氏 封夫人沒葬古良鋪天子岡山夫婦合冢
子 瑞暘
中湘茅田劉氏三修族譜 卷四 歷代總系齒錄 一 青藜堂
二派
發公之子 瑞暘 字日光漢元光壬子年生元康戊午年沒葬花墳地山
子一
配 王氏 漢元朔癸丑年生沒葬花墳地山
子 崇祉

民国十二年（1923）《中湘茅田刘氏三修族谱》

西汉公元前155年，汉景帝第八子刘发被封为长沙王，死后谥号定。定王育16子，复兴汉室的东汉光武帝刘秀是他的后裔。自刘发开始，长沙刘氏王族共传了七代八王，历时164年。其间，刘发远离了宫廷矛盾和血腥，后裔枝繁叶茂，逐渐形成全国南、北刘氏的主体。

长沙定王刘发一脉

公元前 155 年，13 岁的刘发被封为长沙王。他思念母亲，便每年挑选上好的大米送往长安孝敬母亲，再从长安运回泥土，在长沙城外筑台。年复一年，运回的泥土筑成了一座望母高台——定王台。

刘发有雄才大略。公元前 142 年，诸王齐聚长安，为汉景帝贺寿跳舞助兴。刘发故意“张袖小举手”跳舞。景帝问他缘故，刘发说：“国小地狭，不足回旋。”景帝一听就明白刘发在借机要地盘，于是划春陵郡、零陵郡、桂阳郡给长沙国，使其成为西汉面积最大的诸侯国之一，之后春陵郡成为延续汉朝的福地。

刘发第十三子刘买被封为春陵侯，春陵位于今湖南宁远县。刘买后人汉光武帝刘秀把河南项城的住地命名“春陵村”，起兵之初把军队命名“春陵军”，匡扶汉室，让大汉延续 195 年。

刘发的后裔分为南北两宗，南宗留居汉代长沙国，形成今日江西、湖南、湖北、四川及广东刘姓的主体；北宗则是西汉时期迁居南阳的刘秀一脉，成为东汉皇族帝系，后裔分布在中原及全国各地。前人有“湖南刘氏出江西”之说，湖南刘氏实则是自江西回迁而来。

刘发长沙后裔

望城区乔口田心坪刘氏，属于长沙定王刘发的后裔。明洪武初年，世麟、世骅、世麒三兄弟自江西南昌府丰城县梓溪村迁长沙望城区乔口镇。2006 年，长沙《田心刘氏三房六修谱》颁发，全套族谱十二卷。13600 多丁入谱，他们分布在湖南长沙望城区乔口镇、桥驿镇、茶亭镇、铜官镇、丁字镇，长沙县北山镇、捞刀河，宁乡，益阳，湘阴，沅江，华容等地；湖北武汉市、石首县、公安县等地。派语：典常思做述，科甲应生平。有本先河远，因材玉树盈。

乔口刘权之在北京建湖广会馆

刘权之（1739—1819），望城乔口人，清乾隆二十五年（1760）进士。清嘉庆年间，官至协办大学士、体仁阁大学士加太子太保。

刘权之积极推动家乡教育事业，邀请湖北籍顺天府尹李钧简，联络南北乡谊，并将自己在北京的旧宅改建成为湖广会馆。

刘权之推荐学生欧阳厚均出任岳麓书院山长，欧阳厚均掌教岳麓书院达 27 年之久，培养湖湘才俊。北京湖广会馆鼎甲碑，刻有湖湘 61 位科举名录，其中佼佼者有陶澍、曾国藩、胡林翼、郭嵩焘等。

宋乾道九年（1173）担任潭州太守的刘筠落业善化谋塘，该刘氏支系人口最多。定王刘发第七子茶陵侯刘䜣后人，于明嘉靖年间从江西吉水粉溪迁宁乡南塘，宁乡南塘刘氏因国家主席刘少奇而闻名。

长沙刘氏支系

长沙高岸、田坪刘氏：始迁祖筠公。

刘家坝刘氏：始迁祖芳远公。

长沙绮霞湾刘氏：始迁祖翔公。

长沙延苍刘氏：始迁祖显然公。

长沙南坪刘氏：始迁祖戊寅公。

长沙河西枫梓塘刘氏：始迁祖宗盟公。

长沙河西刘氏：始迁祖仕乾公。

长沙菱冲刘氏：始迁祖心宝公。

长沙花山刘氏：始迁祖维纲公。

长沙泉山刘氏：始迁祖极公。

长沙泉塘刘氏：始迁祖炳诚公。

长沙花林冲刘氏：始迁祖浩公。

长沙牌楼口刘氏：始迁祖源公。

长沙云田刘氏：始迁祖吉公。

长沙大东茅巷刘氏：始迁祖天声公。

长沙麻田刘氏：始迁祖允明公。

望城乔江刘氏：始迁祖世麟、世骅、世麒公。

望城刘氏：始迁祖道德公。

浏阳龙伏刘氏：始迁祖仲四公。

浏阳永安市刘氏：始迁祖南仲公。

浏阳南市街刘氏：始迁祖仲一公。

浏阳金刚头刘氏：始迁祖选文公。

浏阳浏南刘氏：始迁祖孟贵、孟川公。

浏阳圳口、洋岭刘氏：始迁祖郭公。

浏阳白水刘氏：始迁祖开一公。

浏阳钟甲塘、葩兰村刘氏：始迁祖源明公。

浏阳平山刘氏：始迁祖发隆公。

宁乡北城刘氏：始迁祖彦举公。

宁乡东岗高迁刘氏：始迁祖洪公。

宁乡花桥刘氏：始迁祖天汉公。

宁乡刘家冲刘氏：始迁祖心传公。

宁乡灰汤刘氏：始迁祖禄公。

宁乡南塘刘氏：始迁祖时显公。

宁乡安成刘氏：始迁祖潘公。

宁乡沩山刘氏：始迁祖成九公。

宁乡田湖刘氏：始迁祖义公。

宁乡古塘刘氏：始迁祖可清公。

宁乡大砑刘氏：始迁祖廷鸾公。

宁乡石郙刘氏：始迁祖德言公。

宁乡沙田刘氏：始迁祖至绚公。

宁乡烟田刘氏：始迁祖庄公。

宁乡平冈刘氏：始迁祖世用公。

长沙贾氏

贾氏源流

周康王继位，分封诸侯贾国，后被晋武公所灭。遣散到各地的贾氏子孙，皆以国号贾为姓。贾氏族人尊奉贾公明为得姓始祖。

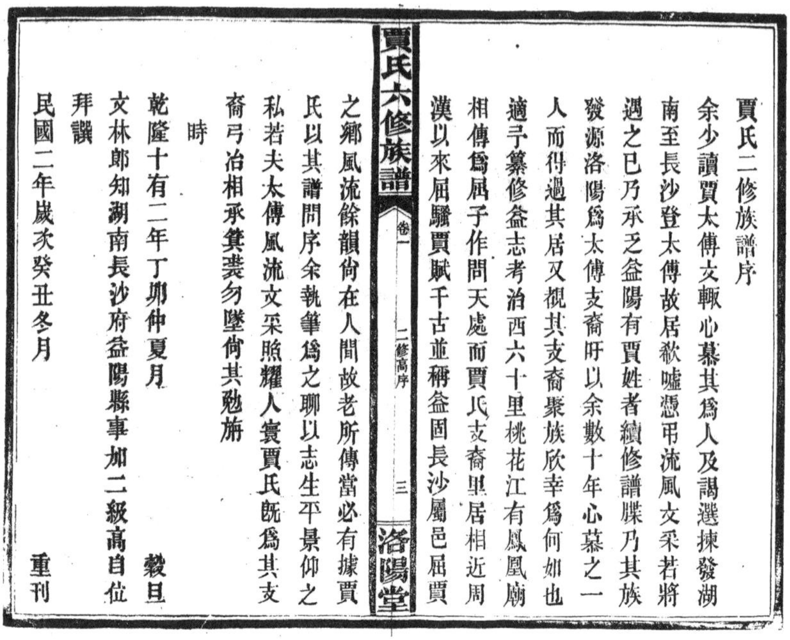

賈氏二修族譜序

余少讀賈太傅文輙心慕其爲人及謫遷揀發湖南至長沙登太傅故居欷嘘憑弔流風文采若將遇之巳乃承乏益陽有賈姓者續修譜牒乃其族發源洛陽爲太傅支裔吁以余數十年心慕之一人而得過其居又視其支裔聚族欣幸爲何如也適予纂修益志考治西六十里桃花江有鳳凰廟相傳爲屈子作問天處而賈氏支裔里居相近周漢以來屈騷賈賦千古並稱益固長沙屬邑屈賈之鄉風流餘韻尚在人間故老所傳當必有據賈氏以其譜問序余執筆爲之聊以志生平景仰之私若夫太傅風流文采照耀人寰賈氏既爲其支裔弓治相承箕裘勿墜尚其勉旃

時

乾隆十有二年丁卯仲夏月　穀旦

文林郎知湖南長沙府益陽縣事加二級高自位

拜譔

民國二年歲次癸丑冬月　重刊

民国二年（1913）《贾氏六修族谱》二修序言

长沙称屈贾之乡，屈即屈原，贾即贾谊。汉文帝派贾谊担任长沙国太傅，他在上书文帝的《治安策》一文中说：“长沙乃在二万五千户耳。”这是长沙的第一次人口数据。贾谊在长沙三年，政绩显著，得到“贾长沙”的美称。可惜贾谊为汉文帝最宠爱的儿子梁怀王刘揖作太傅时，怀王不慎坠马而死，他深深自责，33 岁忧郁而终。

贾谊治理长沙

西汉前元四年（前 176），24 岁的青年才俊贾谊，担任长沙王吴著的太傅。长沙湘江边的太平街有贾谊的故居，黑瓦灰墙，古色古香。故居前院正中有贾太傅铜像，髻发而冠，右手执笔，目光如炬。故居内有长怀井，有石床。

汉文帝派贾谊担任长沙国太傅时，汉帝国正面临内忧外患。南方秦朝遗臣赵佗在高祖过世后,时常派军队骚扰长沙国。新任第五代长沙国王吴著很年轻，大权旁落于吕氏余党醴陵侯刘越手中。贾谊在长沙运筹帷幄，兵不血刃，将吕氏余孽逐出长沙国权力中枢，将大权收回。配合外交家陆贾再次出使南越国，说服赵佗废去帝号，重新恢复与大汉臣属关系。

贾谊具有干才，用今天的眼光看是全能型领导。他熟读数学著作《九章算术》，运用其中原理和方法，统计出长沙有 25000 户，每户计 5 人，长沙有 10 多万人口，并分出不同年龄层次。人口就是长沙国的财富，涉及多个方面的税收。年满 7 岁的儿童每年需要缴纳“口钱”，所有人要缴纳“献税”，成年男性缴纳“军赋”，不服徭役的男性缴纳“更赋”等。统计长沙人口相当于摸清了长沙国的家底，治理时能做到有的放矢。虽然在长沙只有短短三年，但是他为长沙国的蓬勃发展奠定了坚实基础。

贾谊魂归长沙

贾谊过世三十年后，汉武帝下旨修复前朝臣子贾谊在长沙的故居，并立贾太傅祠祀奉，刻碑纪功褒扬。贾谊的《治安策》被汉武帝采纳并用于治理国家。对内削弱了诸侯王的势力，实现了中央集权。对外平定匈奴扰边，巩固拓展了汉朝版图。

西汉青年司马迁，特地从长安赶来长沙，凭吊偶像屈原和贾谊，将他们二人合写成一篇《史记·屈原贾生列传》。据《贾氏族谱》记载，三国时期贾谊第十二世孙贾诩，熟读兵法，献离间计，瓦解马超、韩遂，帮助曹操平定关中。拥戴曹丕即位，官至太尉。

太平街贾谊故居

魏晋南北朝，朝廷重视修谱，贾诩的后代贾弼之、贾匪之、贾渊、贾执四代人知识渊博，担任朝廷修谱官，写出《姓氏薄状》《氏族要状》《人名书》《姓氏英贤》《百家谱》等著作，对后世谱牒产生深远影响。

两千多年来，长沙贾谊故居经历代官员和贾氏家族重修60多次。现故居为1998年重建，共三进，包括贾太傅祠、太傅殿、寻秋草堂等。历代文人骚客满怀崇敬与景仰，纷纷来长沙缅怀。长沙贾谊故居成为贾氏祖庭，全国各地贾谊后人纷纷来此地祭拜。

长沙贾氏

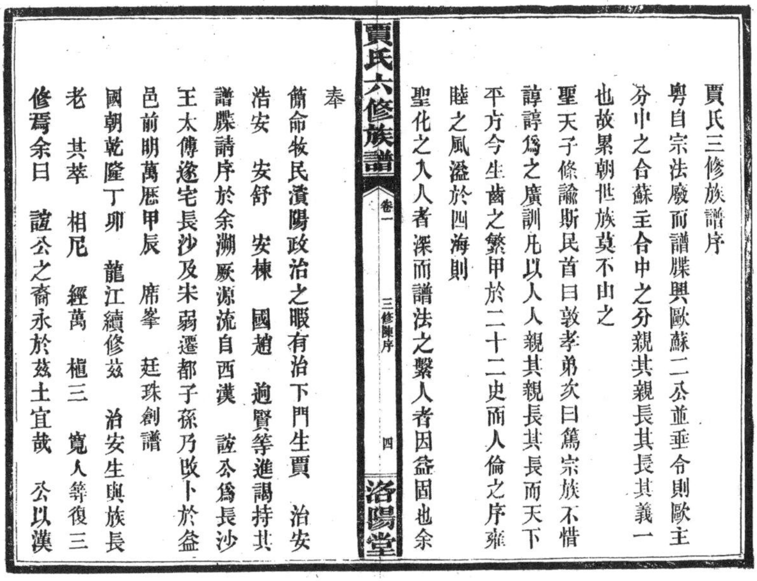
賈氏三修族譜序
粤自宗法廢而譜牒興歐蘇二公並垂令則歐主
分中之合蘇主合中之分親其親長其長其義一
也故累朝世族莫不由之
聖天子條諭斯民首曰敦孝弟次曰篤宗族不惜
諄諄爲之廣訓凡以人人親其親長其長而天下
平方今生齒之繁甲於二十二史而人倫之序雍
睦之風溢於四海則
聖化之入人者深而譜法之繫人者因益固也余
奉
簡命牧民瀆陽政治之暇有治下門生賈　治安
浩安　安舒　安棟　國趙　迥賢等進謁持其
譜牒請序於余溯厥源流自西漢　誼公爲長沙
王太傅遂宅長沙及宋弱遷都子孫乃改卜於益
邑前明萬歴甲辰　席峯　廷珠創譜
國朝乾隆丁卯　龍江續修茲　治安生與族長
老　其萃　相尼　經萬　樞三　寬人等復三
修焉余曰　誼公之裔永於茲土宜哉　公以漢
賈氏六修族譜　卷一　三修譜序　四　洛陽堂

民国二年（1913）《贾氏六修族谱》三修序言

宋末金军入侵，贾谊后人贾森山、贾仲山兄弟在靖康之乱时南下长沙。他们与长沙城南书院山长张栻是邻居而成为好朋友。贾仲山53岁时，因12岁的儿子早夭，悲痛过度而亡。张栻写有《贾仲山墓志铭》，详细记录贾仲山担任过抚州宜黄县主簿，湖南邵州军事推官、常德府龙阳县知府事（没有赴任）。介绍贾仲山原祖籍地为真定府，曾祖父贾直、祖父贾节、父亲贾澡，家学深厚，家世显赫。《贾仲山墓志铭》收入在《四库全书》。长沙贾氏就是贾森山、贾仲山兄弟的后裔。

长沙贾氏在宋末元初之际，子孙散居四方。因为贾森山、贾仲山兄弟与张栻的友情，后人世代交好。元人入侵南下，他们又追随张栻的曾孙张镗响应文天祥的号召，招募义兵数千抗元，失败后隐迹散居益阳二里泥潭、沅江东门等地。

明万历三十三年（1605）始修族谱，清乾隆十二年（1747）续修，清嘉庆七年（1802）三修，清道光二十一年（1841）四修，清同治十三年（1874）五修，1913年六修，1942年七修，1997年八修。续字派：忠厚传彝范，俊秀振朝纲。世泽光明远，垂青兆德昌。

长沙黎氏

黎氏源流

商朝黎国在山西省黎城县，子孙以国名为姓。2013 年，国务院公布黎城县西关塔坡水库南岸的黎侯墓群为全国文物保护单位。古黎国亡国后，黎氏人迁往南方，黎氏成为南方的姓氏。

长沙黎氏有两千多年历史，他们是马王堆古汉墓出土的主人轪侯利苍、辛追夫妇的后裔。

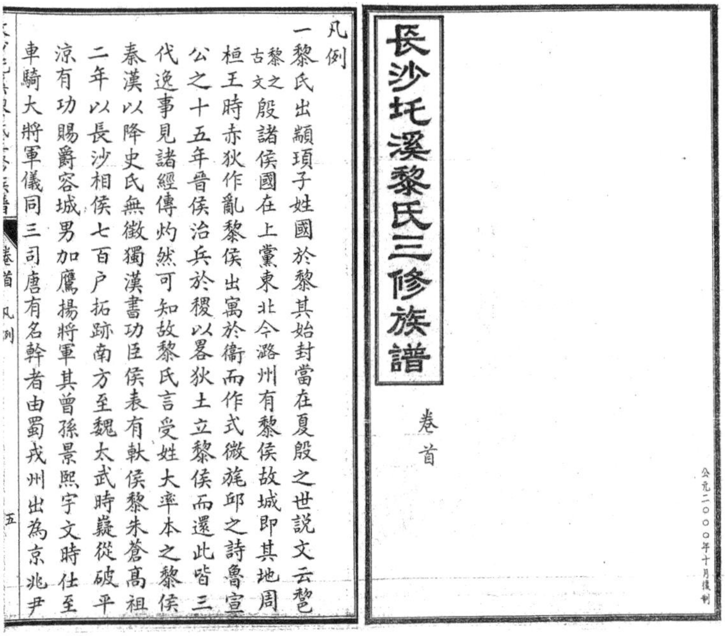

長沙圫溪黎氏三修族譜

卷首

公元二〇〇〇年十月復制

凡例

一黎氏出顓頊子姓國於黎其始封當在夏殷之世說文云𨞲（黎之古文）殷諸侯國在上黨東北今潞州有黎侯故城即其地周桓王時赤狄作亂黎侯出寓於衛而作式微旄邱之詩魯宣公之十五年晉侯治兵於稷以畧狄土立黎侯而還此皆三代逸事見諸經傳灼然可知故黎氏言受姓大率本之黎侯秦漢以降史氏無徵獨漢書功臣侯表有軑侯黎朱蒼高祖二年以長沙相侯七百户拓跡南方至魏太武時嶷從破平涼有功賜爵容城男加鷹揚將軍其曾孫景熙宇文時仕至車騎大將軍儀同三司唐有名幹者由蜀戎州出為京兆尹

卷首 凡例 五

民国六年（1917）《长沙圫溪黎氏三修族谱》

《长沙圫溪黎氏三修族谱》记载：“独《汉书·高惠高

后文功臣表》有轪侯黎朱苍，高祖二年，以长沙相，侯七百户。”

马王堆古汉墓出土的利苍官印

长沙黎氏是辛追夫人生命的延续

1974年，马王堆古汉墓出土的辛追夫人震惊世界。她带着我们穿越到两千多年前汉朝的长沙。辛追夫人的后人一直生活在长沙，他们是长沙黎氏。

长沙黎氏在历史长河里一次次崛起，建功立业。如东汉长沙黎托的黎氏甲一、甲二兄弟，宋朝执掌岳麓书院的教育家黎贵臣，迎接胡安国父子来湖南的黎明，晚清民国接受新教育理念的黎承礼、黎尚雯，中华人民共和国一母同胞三院士黎鳌、黎介寿、黎磊石。从西汉轪侯黎朱苍、辛追夫妇至今，已经传承了70多代血脉。浏阳黎氏聚居最多，有八个支系。

浏阳圭公支系字辈：信庆世瑞德，均朝文凤伯。原大名汝嘉，守镜启景中。志定宗先尚，书升懋善良。人之敦一本，万毓如春芳。宏纪开新运，孝友振家光。贤才成国宝，奉祖自远昌。

浏阳高坪泉山支系字辈：容城联爱敬，英俊佐家邦。才学宏先绪，继起愈祯祥。盛德同大业，经久自名扬。

浏阳演十三公河东支系字辈：演涧珍瑚，琦璘璨珊。孝友传家训，忠贤任国功。行端先德继，业广后昆隆。

浏阳演十三公河西支系字辈：衍风芝大，遵志际文。光华益运，克懋贤能。永荫远佑，循式常存。景和维豫，健卫顺成。

浏阳杨花岱崇公支系字辈：岱德万文景再佐尚元兴正明胜光大家声世守善道心舒仁亦安贞坤直方祥纯震东烈。

浏阳黎阳支系字辈：天麟，文举，兴满，德赋，逸士，乐隐，尚荣，仪公，兴成，沐庭，焕文，稀林，静泉，日跻，超一，季玉，长山，文高，志启国安邦，贤才济美，君尊道学，长发祺祥。

浏阳浏西树山支系树房字辈：志先贤正诚，光培鉴法模。熙堂锡洪构，辉增锦淮荣。炎基钟泽懋。

浏阳北盛经纶支系字辈：经纶，小九郎，良臣，本宽，占魁，岱崇，千伯景珂馨祖公大东仁汝子存。

黎氏与岳麓书院

南宋绍熙五年（1194），朱熹任湖南安抚使，要振兴岳麓书院，特地邀请学生黎贵臣协助掌教岳麓书院。岳麓书院掌教职责相当于山长。经过战争的破坏，朱熹与张栻讲学的岳麓书院的屋舍只剩下十分之一，学生寥寥无几。黎贵臣购置了学田五十顷，确保老师有稳定的收入来源，还可以补助贫寒学生。他还引入白鹿洞书院制定的学规（后称《朱子书院教条》），这是岳麓书院最早的正式学规，书院又进入了一个鼎盛时期。

黎承礼（1868—1929），清末进士，清光绪年间四川唐昌知县。清宣统二年（1910），此时岳麓书院已改为湖南高等学堂，黎承礼任监督（即校长），积极推动岳麓书院转型。这时，新学兴起，为培养实用型人才，他在学校开设矿科、路科。并且不拘一格，聘请有真才实学的老师执教，毕业生供不应求。矿科和路科现在分别成为中南大学、湖南大学知名的专业。

黎尚雯（1868—1918），清末进士，保举知县加五品衔，留学日本法政大学，中国同盟会会员，国会议员。1912 年，湖南高等学堂更名为湖南公立高等工业学校（即今湖南大学前身），黎尚雯奉命出任校长。他指出要振兴国家工业，必须先有政治保障。后被军阀杀害，国民政府追授他中将军衔，公葬岳麓山。

浏阳圭公壕上黎氏一母同胞三院士

浏阳壕上黎氏世代书香，一母同胞兄弟黎鳌、黎介寿、黎磊石成就了“黎氏兄弟三院士”的佳话。

大哥黎鳌（谱名：升旭）是烧伤外科专家，1994 年当选为中国工程院院士。二弟黎介寿（谱名：升旸）是肠外瘘治疗创始人，1996年当选为中国工程院院士。三弟黎磊石（谱名：升昶）是中国现代肾脏病学的开拓者和创始人，1994年当选为中国工程院院士。

黎氏三兄弟的父亲是黎溥棠，母亲是黎周霞。父亲是长沙名校广益中学（现湖南师大附中）英文教师、校董事会董事，曾出任校长。三兄弟先后在广益中学毕业，不约而同报考医学院，走上悬壶济世之路。

2014年4月25日，黎介寿院士获得永久性小行星“黎介寿星”命名。这颗小行星是中国紫金山天文台2007年3月首次发现，属狮子星座，距离地球约2.21亿公里，国际编号为192178。这颗黎氏之星，在广袤无垠的天地间，与辛追夫人遥遥相望，璀璨夺目。

长沙黎氏支系

长沙托溪黎氏：始祖圭公，字介之，号瑞斋，元进士，任武冈州录事，敕建攀桂坊于浏阳李家巷口，为迁浏始祖。四世朝礼公，明洪武年间由浏阳迁长沙榔梨市，五世文广公又迁长沙托溪，1917年三修族谱。行派（自十八世始）：志定承先尚，书升懋秀良。人之敦一本，英毓如春芳。

宁乡黎氏：始迁祖甲二公，东汉建武十二年（36）徙居潭州（长沙）珑虎湾，子孙分居各邑。明洪武四年（1371）必通公自潭州徙居宁乡，置产于八都大田垅。清嘉庆二十三年（1818）宁邑独修支谱，清咸丰元年（1851）又续修。

长沙欧阳氏

欧阳氏源流

越王无疆是越王勾践的第六世孙，被楚国所灭。无疆的次子蹄被封于乌程欧余山，为欧阳亭侯。他的后代便以封爵名为姓。长沙欧阳询家族有族谱记载。

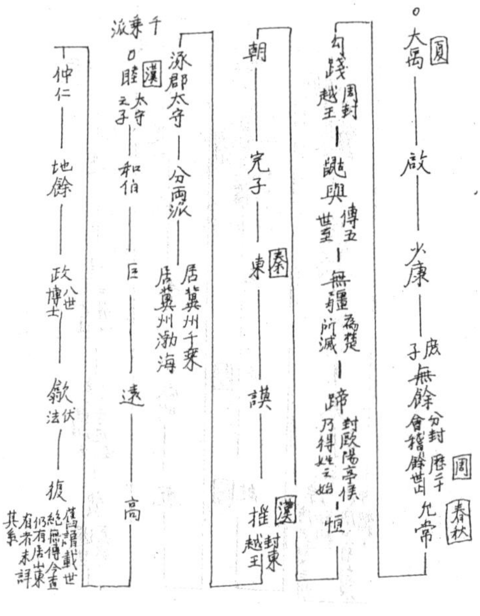

《平江欧阳氏族谱》世系图

西晋永康元年（300），欧阳质一族避祸南迁长沙。欧阳一族南迁，与赵王司马伦诛杀西晋巨富石崇事件有关。石崇的外甥欧阳建怒闯洛阳，也被司马伦诛杀。欧阳建的侄儿欧阳质时任梁州刺史，迅速带欧阳家族逃离京城避祸，投奔任湖南永衡都尉的弟弟欧阳崇文。欧阳氏至此落业湖南，著名书法家长沙欧阳询是欧阳质的后裔。

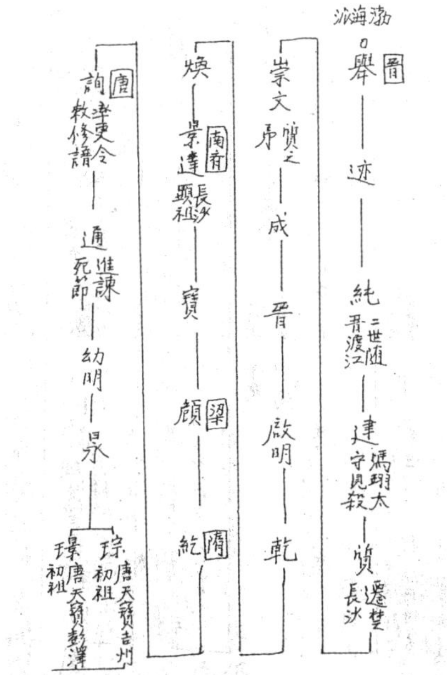

《平江欧阳氏族谱》中欧阳质至欧阳询
及欧阳询第四世孙欧阳琮迁江西世系图

南北朝时期欧阳询祖父欧阳頠是陈朝开国功臣，官拜征南将军，受封阳山郡公。父亲欧阳纥承袭爵位，担任大都督，镇守广州长达十数年，成为一方诸侯。然而，在欧阳询13岁时，父亲起兵反叛陈朝失败，家族惨遭灭门之灾。唯他一人幸免于难，被父亲生前挚友江总收养。江总位至陈朝尚书令，学识渊博，书法造诣深厚。在他悉心栽培下，欧阳询不仅博览群书，更对书法产生了浓厚的兴趣，乃至痴迷。曾有一次，他外出途中偶遇晋代书法大家索靖所书石碑，不舍离去，铺上毯子竟在石碑旁坐卧三天，反复琢磨。江总欣赏欧阳询的才情，把女儿许配给他。他们夫妻恩爱，育有四子即卿、萧、伦、通。欧阳询的第四世孙欧阳琮，担任吉州刺史，举家迁徙吉州，繁衍了江西欧阳氏。

“楷圣”欧阳询和书堂山

欧阳询的楷书，被时人誉为“翰墨之冠”“唐人第一楷书”。他将自己多年书法实践总结出的用笔法则，概括为练书习字的八法，并著有《传授诀》、《用笔论》八卷、《结字三十六法》等书法理论著作。欧阳询为后世留下众多碑帖，《九成宫醴泉铭》最有名，是后世学习书法的范本。

唐朝建立，欧阳询深得李渊、李世民父子信任，被任命为给事中，四品官，常伴李渊左右起草公文。唐太宗李世民让65岁的欧阳询监制“开元通宝”铜钱，“开元通宝”四字采用欧阳询隶书字体，端庄沉稳，疏密有致，方圆兼备，为后世以年号铸钱奠定了基础。

唐太宗命吏部尚书高士廉为欧阳询编修的《欧阳氏族谱》作序，并敕定。

唐贞观八年（634），欧阳询携《欧阳氏族谱》回长沙祭祖，光宗耀祖。78岁的欧阳询重返阔别65载的故土长沙。他驻足石渚山半山腰的清泉之畔，寻得一块平整光滑的壁石，提笔写下“洗笔泉池”，笔力遒劲，气势非凡。

临湘（长沙）县令专程探访，命匠人刻印“洗笔泉池”保存下来。县令会商石渚山远近文人，改石渚山为书堂山，特别上报朝廷并获恩准。自此，书堂山之名沿用至今。

欧阳询画像

唐贞观十五年（641），欧阳询卒于长安，享年85岁，衣冠归葬于书堂山顶“太子围圩”，落叶归根。

长沙欧阳支系

浏阳溁波港、洞阳欧阳氏：始祖安时公，宋时由江西宜春防里迁浏东马渡。传五世圭斋公欧阳玄，元时文冠天下，历官翰林，追封楚国文公。又传八世至勋公，勋公子五，衍为仁、义、礼、智、信五房。长子圣文由马渡迁浏邑西之溁波港，次子富文偕其兄弟由马渡迁浏邑北之洞阳塅。清康熙五十六年（1717），长沙、善化、浏阳、益阳、安化、攸县、宁乡、湘潭八邑建万公祠于省城张家巷。通派：作述恢前绪，春兰秋桂芳。林崇学业，安福肃官常。礼乐传家宝，经纶辅国纲。至诚敦厥本，纯厚焕其光。时思达导义，日纪典谟章。文明一开启，永远显荣昌。

宁乡大田、高山、水口、团山，湘乡欧阳氏：唐时通公三传而生琮为吉州刺史，琮公八传而生万，为安福县令，万生和，和生雅，雅生效、楚两房。效生谟、托、该，楚生堂、宏、钺。托公五传至文忠公欧阳修。后又十二派于分支祖明甫公，宋时任吉州判官，因家于吉安庐陵。四传至迪辉公，衍华立、岳立、泰立、衡立四房。四公明时由江西迁星沙安仁井背，复迁宁乡，落业大田坊。华公分居大田，岳公分居高山，泰公分居水口、团山，衡公分居湘乡三迁。清康熙三十九年（1700）合修族谱，清嘉庆年间各支分修，清同治元年（1862）华、岳、衡三房又合修。

宁乡井泉欧阳氏：始迁祖万公，唐僖宗时为吉州刺史，因家于此，至五世共得六孙，衍为六大派，其中托公居庐陵安德里。托公之十三代孙鼎翁由永兴徙星沙，转湘潭。鼎翁玄孙孝谦公，字德淳，元季徙居宁乡井泉。清乾隆四十六年（1781）、清咸丰十一年（1861）、1912 年纂修族谱。堂号六一。字派：德大惟忠孝，邦彦世遵贤。祖宥仁端正，临民子必先。作述恢前绪，春兰秋桂芳。

长沙陶氏

陶氏源流

陶氏发祥山东定陶，以地名为姓。西汉有追随刘邦建功立业的陶舍、陶青父子。东汉时期，陶姓人又南迁，在长江之南九江落籍。魏晋南北朝时，江南一带涌现出了不少陶姓名人，如东晋大司马长沙公陶侃、清朝陶澍、共和国将军陶峙岳等。

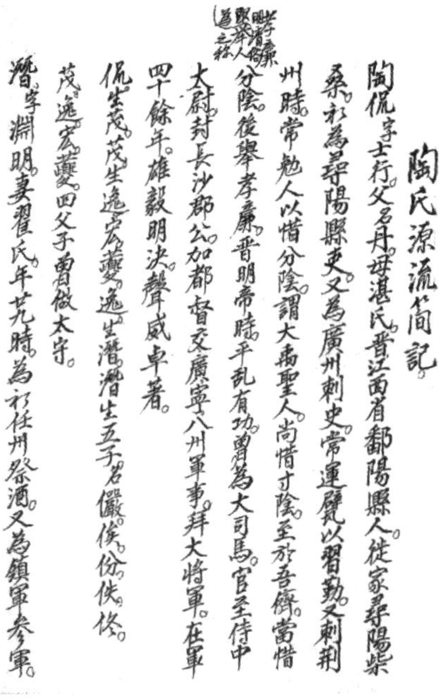
陶氏源流簡記
陶侃字士行，父名丹，母湛氏，晋江西省鄱陽縣人，徙家尋陽柴桑，初為尋陽縣吏，又為廣州刺史，常運甓以習勤，又刺荊州時，常勉人以惜分陰，謂大禹聖人，尚惜寸陰，至於吾儕，當惜分陰。後舉孝廉，晋明帝時平乱有功，曾為大司馬，官至侍中太尉，封長沙郡公，加都督交廣寧八州軍事，拜大將軍，在軍四十餘年，雄毅明決，聲威卓著。
侃生茂，茂生逸、宏、夔，逸生潛，潛生五子：儼、俟、份、佚、佟。
茂、逸、宏、夔四父子曾做太守。
潛字淵明，妻翟氏，年廿九時為初任州祭酒，又為鎮軍參軍。

《陶氏族谱》陶氏源流记

陶侃是最早到长沙为官的陶氏人，封地在长沙，墓葬在长沙。陶侃是陶渊明的曾祖辈。陶渊明有《赠长沙公》一诗，记述了陶氏源流历史。

长沙郡公陶侃

西晋末年，陶侃率大军屯兵长沙城西，平定了杜弢之乱。他屯兵荆州、巴陵和武昌，在长江构筑了一道军事防线，让北方五胡政权和地方流民武装不能过江进犯湖湘。在陶侃的精心治理下，长沙出现了“夜不闭户，路不拾遗”的安定，吸引北方一部分门阀士族带着财富和学问迁往湖湘。

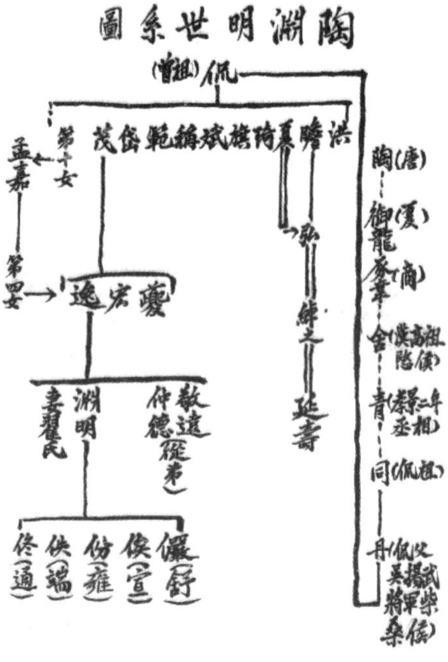

《陶氏族谱》世系图

陶侃在长沙民众心里地位很高，至今保留他多处遗迹。陶侃主要屯兵城西，设立关卡位于今岳麓山枫林宾馆北，被称为“陶关”。杉庵位于岳麓书院内濂溪祠旁，陶侃初入长沙以开庵居，并手植杉树，世称“杉庵”。陶侃入住太平街贾谊故居，作为读书休憩、料理军政事务之所，贾谊故居又称陶侃故居。天心区沙河街原名礼贤街，设有陶公祠和惜阴书院，纪念陶母湛氏“截发筵宾”和“教子惜阴”的故事。城南有陶侃的墓地和墓庐。

陶侃有十七个儿子，“长沙公”的爵位共传五代至玄孙陶延寿。陶渊明有《赠长沙公》诗，写给第五代“长沙公”陶延寿。他在诗里追溯了陶氏源流历史：“余于长沙公为族，祖同出大司马。……”如今湖南长沙、湘潭、醴陵，江西九江、鄱阳，湖北武汉、荆州等地“陶家村”星罗棋布。长沙还有陶侃的孙子陶淡曾孙陶烜，隐居在离城十公里的临湘山，死后得道升仙的传说。人们在临湘山筑建陶公庙，至今已有一千五百余年，香火不断。

“及时雨”陶澍

陶澍（1778—1839），清代嘉庆、道光年间名臣。他自25岁中进士点翰林，历任御史、道员、巡抚、总督。他是经世致用的积极倡导者，任职期间切实解决各地河工水利、盐务、漕运、农政等关乎国计民生的实际事务。

清道光十年（1830），陶澍临危受命，担任两江总督兼两淮盐政。此时，大清经济命脉的两淮盐政，已经亏欠盐银4000多万两。通过考察，他制定了“裁减浮费，紧缩开支，降低食盐成本”的一系列改革措施。短短一年时间，两淮盐政不仅补平了历年亏欠，还上缴国库盐税银 4400 余万两。道光皇帝连声感叹：陶澍是朕的“及时雨”。

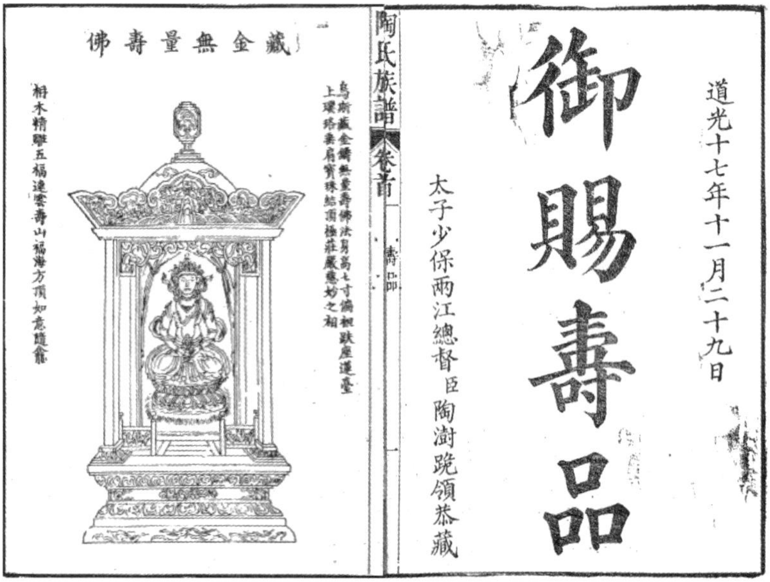

《陶氏族谱》御赐陶澍寿品记载

清道光十一年（1831），满怀报国之志的落第书生魏源被两江总督陶澍揽入幕府。这期间，魏源写下了著名的《湖广水利论》，认为家乡湖南水灾不断的原因在于人与水争地，应退耕还湖。

陶澍还把魏源介绍给江苏巡抚林则徐，魏源深受林则徐重视。林则徐把在广州禁烟时收藏到的外国资料送给魏源参考，魏源写出了《海国图志》一书，帮助国人了解外国。

陶澍对“身无半亩，心怀天下”的左宗棠心怀敬意地说：“汝他日之成就必成倍于我。”这句话最终被历史证明，40 多年后左宗棠抬棺出征收复新疆。

左宗棠长女左孝瑜嫁给陶桄，他们住在开福区子桥“印心石屋”寓所，夫唱妇随，共同养育了6子9女。儿子分别是：守谦、懋谦、益谦、沩谦、鸣谦、履谦。陶澍一门枝繁叶茂。

清道光年间，两江总督陶澍发起，长沙、善化、宁乡、浏阳、湘潭、安化、醴陵、湘阴等八邑陶侃后人，集资白银9049.13两，在省城北正街惜阴巷，建陶氏八邑总祠，修《八邑陶氏谱》。八邑通派（自十七世起）：英贤昭栗里，云路集嘉祥。忠孝传家永，雍熙应运长。卓立常丰裕，湘南启翰香。溯源同一本，奕祀袭龙章。

长沙陶氏支系

浏阳陶氏：显佛公居南乡澄潭江。字派：显单在福继正守士钧浔树熙培镇源。

宁乡双江陶氏：始祖辛田公，明初偕兄弟六人由江西万载徙湘，长辛村徙浏阳，次辛庵徙安化，三辛轩居省垣，四辛斋徙湘乡，五辛田徙宁乡靳水双江老人仓，为双江陶氏之祖，六辛溪徙湘潭，堂号敬义。派语（自十四世起）：文章鸿世美，忠孝懋先成。子克家贤允，人华国纪荣。

长沙易氏

易氏源流

易氏发源于易水，是以水名为姓的古老姓氏之一。据《易氏族谱》记载，东汉豪杰云起，易仁福后裔易万年，由江苏太仓迁浏阳湖山易田，入籍为楚人，成为易氏迁长沙的始迁祖。

浏阳易氏

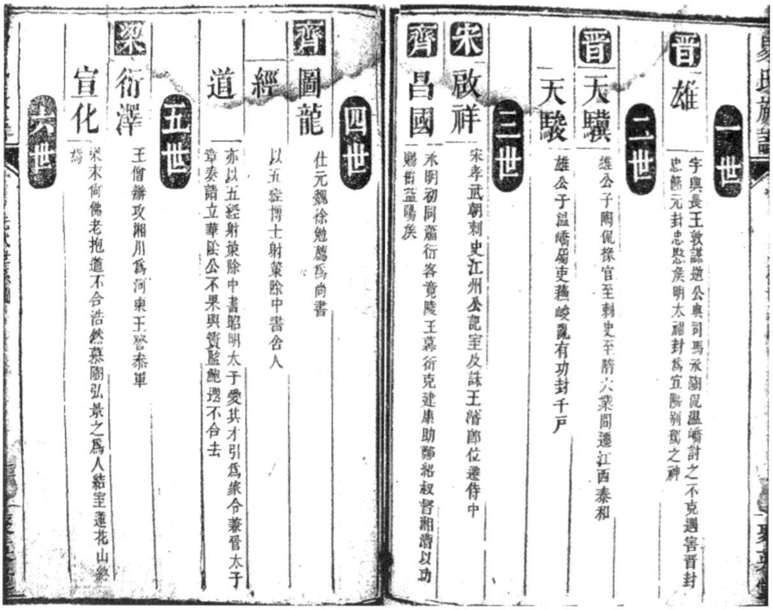
易氏族譜
一世 晉 雄 字興長王敦謀逆公與司馬承謝混温嶠討之不克遇害晉封忠節元封忠愍侯明太祖封爲宜陽别駕之神
二世 晉 天驥 雄公子陶侃辟官至刺史至隋大業間遷江西泰和
天駿 雄公子温嶠屬吏蘇峻亂有功封千戶
三世 宋 啟祥 宋孝武朝刺史江州公記室及誅王濬郎位遷侍中
齊 昌國 永明初同蕭衍客竟陵王蕭衍克建康助鄭紹叔督湘漕以功賜爵益陽侯
四世 齊 圖龍 仕元魏徐勉薦爲尚書
經 以五經博士射策除中書舍人
道 亦以五經射策除中書昭明太子愛其才引爲兼舍人兼管太子章奏請立華陰公不果與賛監鮑邈不合去
五世 梁 衍澤 王僧辯攻湘川爲河東王譽恭軍
六世 宣化 梁末尙佛老抱道不合浩然慕陶弘景之爲人結室蓮花山終焉

《易氏族谱》世系图

浏阳易雄是最早录入国史的长沙易姓人。《晋书·列传》第五十九章有易雄的记录。易雄（257—322），字兴长，浏阳西湖山人，万年公第五世孙。他担任东晋长沙郡主簿，官声佳，受百姓爱戴。

东晋永昌元年（322），权臣王敦攻破长沙，倾向朝廷的地方势力代表易雄被擒，押至武昌被杀，终年65岁。消息传来，易夫人潘氏悲愤不已，率全家52口人投浏阳河樟树潭尽忠。王敦之乱平定后，东晋朝廷为表彰易雄忠义爱国，将他的遗体运回浏阳与夫人合葬于枨冲宋家园将军洞。易雄墓是长沙市文物保护单位。

易雄育五子，其中易天骏、易天冀在外做官，幸免于难。他们兄弟的后裔繁衍成长沙巨族，历代谱牒丰富，代表性的有浏阳《西湖山易氏族谱》，宁乡巷子口状元易祓始修的《沩宁易氏族谱》，长沙河西荷叶塘、乌山村的《长沙易氏族谱》。

易中天寻根问祖

易中天1947年出生在长沙，他说自己是易雄第五十三世孙。2014年5月，易中天登上中央二台《客从何处来》节目，讲述回长沙查证族谱之事。

一世祖易景昱，授千户，弃官不仕，避乱湘阴，为营田始迁祖。营田在湘北，因南宋岳飞屯田扎营而得名。二世祖易光禄公，以医药济人，立志“不为良相，即为良医”。四世祖易先，字太初。明成祖永乐六年（1408）平定交趾（今越南），开列郡县，诏授公凉山知府，付以开拓边疆之重任。任满，军民数千人上书签留。明永乐帝嘉之，进阶三品，仍留任知府。明宣德元年（1426），越南黎利族叛乱，速陷交趾诸城，易先坚守三月城中粮尽援绝，佩印自尽。夫人黄氏携随任第三子及家属投井，从死者十八口，满门殉节。

易中天多次回故乡寻根，得到家学滋养。翻阅 1938 年三修族谱，全面认识了曾祖父易翰鼎（1851—1929）。他胸前挂着曾祖父的遗物——一块德国欧米茄怀表。

曾祖父易翰鼎是饱读之士，27 岁至 31 岁，他在晚清名臣郭嵩焘家坐馆当塾师。41 岁还在参加科举考试的路上。郭嵩焘介绍他进入浏阳古港厘金局工作。1927 年，临终前两年，他将 16 岁到 78 岁的平生经历撰写成《太平草木萌芽》，请他的两湖书院同学，后担任过民国总理的熊希龄题写书名出版。

易翰鼎在文集最后一篇文章中写道："自叙平生至愿，荣华富贵皆在所后，惟望子孙留心正学，他年得蔚为名儒，则真使吾九泉含笑矣，群孙勉乎哉！"

"状元郎"易祓

易祓（1156—1240），潭州宁乡人。他两次编修宁乡《沩宁易氏支谱》。皇帝殿试钦点的文章《萧曹丙魏孰优论》，1300 多字，被他收入支谱。800 多年后，易祓后裔易凤葵熟读支谱，于 2010 年出版《大宋状元——易祓传》。

48 岁的易祓成为礼部尚书，二品官衔。正值抗金之时，他上书坚决要求抗金，遭遇投降派围攻，贬广西融州（今柳州）十年。57 岁的易祓，被朝廷彻底边缘化，赋闲在家。他们夫妻在长沙药王街先祖易雄祠的住所与南宋词坛名流姜夔、真德秀、魏了翁交往，留下多篇唱和的诗词。

易祓夫妇诗词造诣很高，《全宋词》收入五首，其中以“易祓妻”署名的诗词两首，他们夫唱妇随鸾凤和鸣，是古代湘籍文人的顶流。76 岁的易祓，被皇帝记起来奉旨复出，83 岁退休。他上书皇帝封夫人萧氏为恭人。

长沙谚语：“讨个好堂客旺九代人。”萧氏辛勤操持，在易祓中状元后的 44 年里，易祓的弟弟、儿子、侄儿相继考上进士，出现一门六进士的盛况。

易祓妻（1165—1261），与丈夫相伴 60 年，育一儿三女。易祓 85 岁，寿终正寝。易萧氏享年 97 岁，圆满一生。

长沙易氏支系

长沙易氏：始祖雄公，仕于晋而居于浏。第十九代传至欢公，字子来，卜居宁乡沩上。再十二传至瑞公，字朝一，元顺帝时以荆州参将致仕长沙，卒葬长沙北乡金盆山。生子明、子俊、子秀。子孙分布在仁德、九福、安沙等地。至 1948 年，已传 22 代，全族人口 3600 余人。宗祠在长沙市中山东路。清康熙三十五年（1696）、清康熙六十一年（1722）、清乾隆四十八年（1783）、清道光十七年（1837）、清同治十一年（1872）、清光绪二十六年（1900）、1929 年修族谱。派语：子必永仲绍道景万大承荣德启添文伯世之宗尚惟朝廷登士善兆继其克兴。

浏阳易氏：始祖雄公，世居浏邑城西巨湖山，勤王讨逆，尽节东晋。清乾隆二十一年（1756）、清嘉庆二年（1797）、清咸丰四年（1854）、清光绪十年（1884）、1914 年、1949 年六修族谱。派行：祖昌祚大，盛德维新。修礼守义，作述斯微。行业慕孔，道传在曾。才全利用，贵必起伦。锡命笃祜，世绪克绳。

宁乡易氏：先祖居太原阳曲之引龙江，战国迁金陵。汉有仁福公兄弟占籍各郡，公孙万年公由太仓迁浏阳，遂为楚人。族人分布于沩上一带及玉堂江、木梓塘、竹夏两湖、书湖、长薮、赤冈及湘潭、湘乡、湘阴、黔阳等地。派语：承维振培，华达家光。继忠述志，太原兆芳。修仁力学，行道名扬。

宁乡玉堂铺易氏：始祖后唐时明彝公，讳亮，生欢、邦、述、达。欢公字慰庵，宋祥符年间自江西泰和县千秋乡迁居宁乡。由欢公九传至云章公，讳倬，赠朝请郎。云章公之十三世孙玉甫，讳可华，徙居玉堂铺，生方圣、方贤、方明、方正，衍为四房。清嘉庆九年（1804）始修族谱，1922 年四修支谱。旧派：承维振培，桦达佳光。续派：恢先述志，桂兰继芳。崇儒敬学，典训昭彰。贞永守善，久运荣康。

长沙丁氏

丁氏源流

姜太公吕尚，助周武王伐商纣王有功，封于齐地，建立齐国。传子吕伋，封齐丁公。齐丁公吕伋的子孙，遂以“丁”为姓。齐丁公吕伋遂为丁氏之祖。

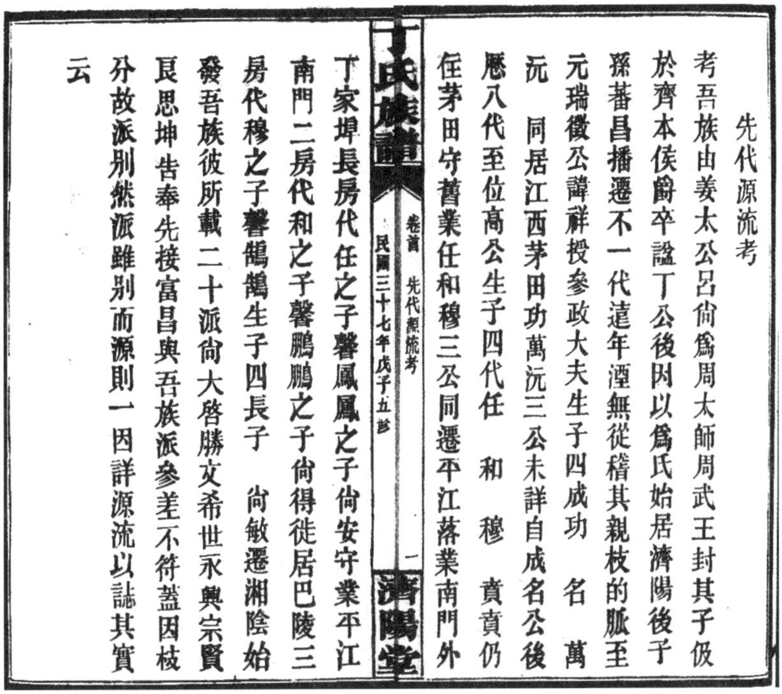
先代源流考
考吾族由姜太公吕尚爲周太師周武王封其子伋於齊本侯爵卒謚丁公後因以爲氏始居濟陽後子孫蕃昌播遷不一代遠年湮無從稽其親枝的脈至元瑞徵公諱祥授參政大夫生子四成功　名　萬沅　同居江西茅田功萬沅三公未詳自成名公後歷八代至位高公生子四代任　和　穆　賁賁仍任茅田守舊業任和穆三公同遷平江落業南門外丁家埠長房代任之子磬鳳鳳之子倘安守業平江南門二房代和之子馨鵬鵬之子倘得徙居巴陵三房代穆之子磬鵠鵠生子四長子　倘敏遷湘陰始發吾族彼所載二十派倘大啓勝文希世永興宗賢良思坤告奉先接富昌與吾族派參差不符蓋因枝分故派別然派雖別而源則一因詳源流以誌其實云

丁氏族譜　卷首　先代源流考　民國三十七年戊子五修　一　濟陽堂

民国三十七年（1948）长沙《丁氏族谱》源流考

最早迁潭州府的丁氏，是东晋丁宣公。他原籍楚北江陵（今属湖北省荆州市），东晋咸和三年（328），授潭州醴陵令，退休后卜居邑之东城。

宁乡丁氏

宁乡丁氏始迁祖南孟、南仲、南季兄弟三人，原籍江西吉安府泰和县早禾渡梅子坡，后唐同光二年（924），值藩王李不遵约束，到吉州占夺圳上民居一百八十里、民田三十万顷，居民尽数遣发湖南府县安插立业开垦。

南孟隶籍益阳，安乡、汉寿两邑丁氏为其分支。南季隶籍长沙沱市，双井、汾湖洲等处丁氏为其分支。南仲字德荣，行千一郎，徙居宁乡烟田冲停钟桥，传至十五派分元一、元二、元三，共三房。元三公裔至十七派分文贵、祖贵两房。文贵公下又分绍麒、绍麟两房，绍麒、绍麟两房又分为崇义、明义、尚义、兴义四房。

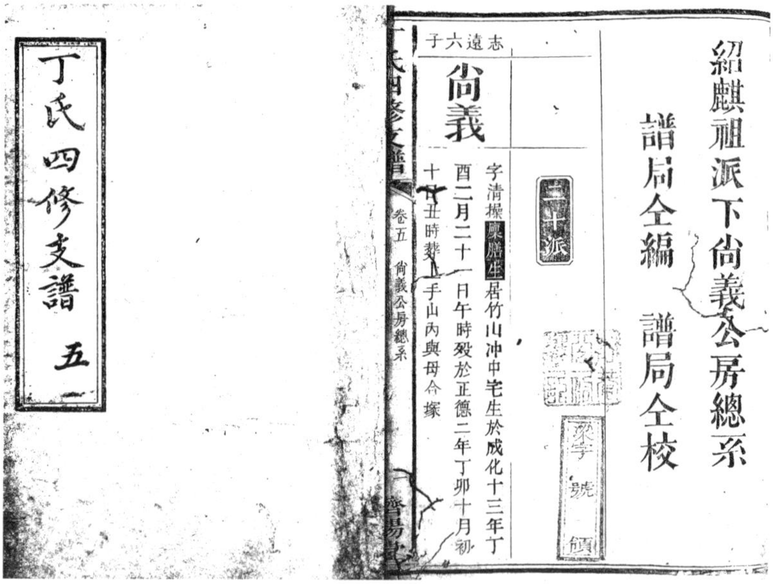

清同治元年（1862）《丁氏四修氏支谱》残卷：尚义房

明崇祯年间初修族谱，清康熙五十二年（1713）合宁乡、益阳、安化、汉寿四县续修，清乾隆三十三年（1768）绍麒、绍麟两房三修，清同治元年（1862）四修，清光绪二十一年（1895）五修，民国十四年（1925）六修。班词字辈：忠孝流传远，诗书佑启长。作求凝令绪，为善嗣定昌。玉树金枝备，庆笃圣贤生。奇钟豪杰积，满门福泽全。千里风云会，正已振纲常。匡君隆辅弼，乘休登阙用。际运同熙翼，瞻拜肃冠裳。功化光天地，清白衍家声。人文昭四邑。

丁取忠和“长沙数学学派”

清嘉庆十五年（1810），丁取忠出身于长沙市望城区高塘岭白芙堂一寒素的书香之家，是家中老四。父亲丁宏回曾总修过白芙堂《丁氏宗谱》，略有文名。哥哥喜欢经学，著有《读易通讯》。丁取忠自小喜读书，偏爱算学，达到废寝忘食的地步。

清道光十七年（1837），他入读长沙城南书院，与精研算学舆地的新化人邹汉勋、精于代数的表弟李锡蕃志趣相同。他们常常一起通宵达旦地切磋数学。

晚清“长沙数学学派”，以长沙人丁取忠为中心，聚集了黄宗宪、左潜（左宗棠侄）、曾纪鸿（曾国藩子）、殷家俊和黄传祁等门生，在全国非常有影响力。他们在长沙城北的丁取忠家古荷池精舍从事数学图籍的整理校刊研究工作。他们在数学领域均卓有成就，各有著述，闻名于世。

清咸丰元年（1851），丁取忠从朋友处得到一本首尾残缺、著者不明的《割圆密率捷法》算学书手抄本，书中讲解弧度与弦矢互求的方法，但文辞隐奥难懂，又无具体算例。于是他详细演算了大量题目，修订刻印了他的第一部数学专著《数学拾遗》，提出了三元一次不等式方程组整数解的新方法。

清咸丰二年（1852），他购得魏源新版《海国图志》。运用三角学知识，将在英国格林尼治天文台的经度起点，转换为以北京为基准，将全国各州县与北京距离都详加计算，写成《舆地经纬度里表》一书，这是数学知识在地理方面的应用。清同治十年（1871），丁取忠用高次方程解整存零取复利息的问题，编成了商业数学专著《粟布演草》。

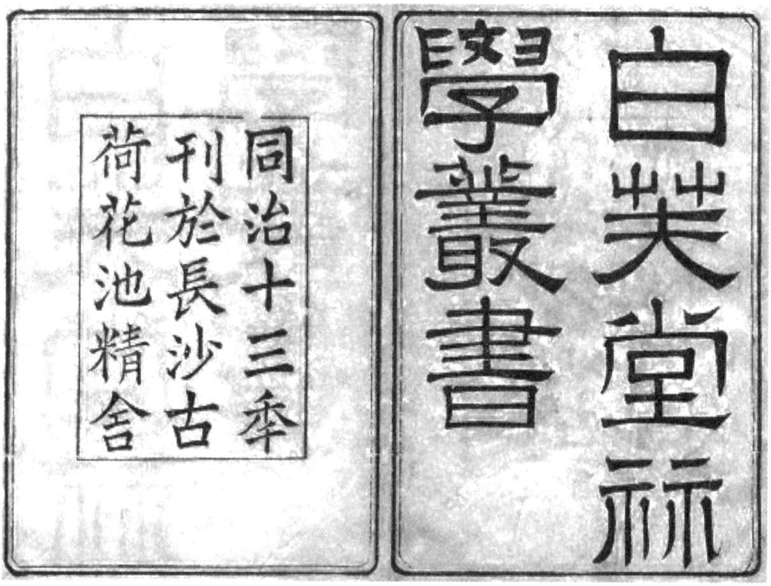

《白芙堂算学丛书》

1871 年至 1877 年，丁取忠将主要精力转向刊刻算书，培育后进。长沙数学学派的传世之作《白芙堂算学丛书》刊刻出版。丛书取名白芙堂，则取自本支丁氏宗族堂号“白芙堂”。《白芙堂算学丛书》共计32册，是一部集古今数学名著大成的数学丛书，成为清末流传最广的一部传统数学著作集。

长沙丁氏支系

长沙荷佳冲丁氏：始迁祖成名公，字广衡，宦游楚南，占籍宁乡。四世祖先树公，字绳武，邑庠生，由宁乡徙居长沙，世居湘江之西荷佳冲。

浏阳浒山丁氏：迁祖良尧公，明嘉靖年间自江西万载沙桥迁浏西浒山，取名丁家弄。生五子：长、满房居丁家弄，二、四房居株木港，三房居浏北永安。1939年、2011年纂修支谱。2011年续修时订字派：天昌秉元宇，山景仲志彰。守济焕正必，良应以昭光。世德多承庆，宗先定延祥。芳名来奕叶，福寿永安康。

长沙黄氏

黄氏源流

春秋时期，地处江夏的河南和湖北古黄国被楚国所灭。亡国后的黄国子孙，以国名为姓，以“江夏”为堂号。长沙黄氏尊东汉江夏安陆人香公为大始祖。

江夏黄香公画像

据清嘉庆《长沙县志》记载，三国名将黄忠世居长沙，建安时与太守韩玄协力守长沙城。东汉建安二十四年（219），关羽率军攻取长沙，黄忠于此役归附刘备。传统京剧剧目《定军山》与新中国电影《定军山》，都是传唱黄忠故事。清同治九年（1870），黄氏在长沙黄忠故宅戥子桥巷飞虎寨东边建湖南黄氏总祠及会试学馆。

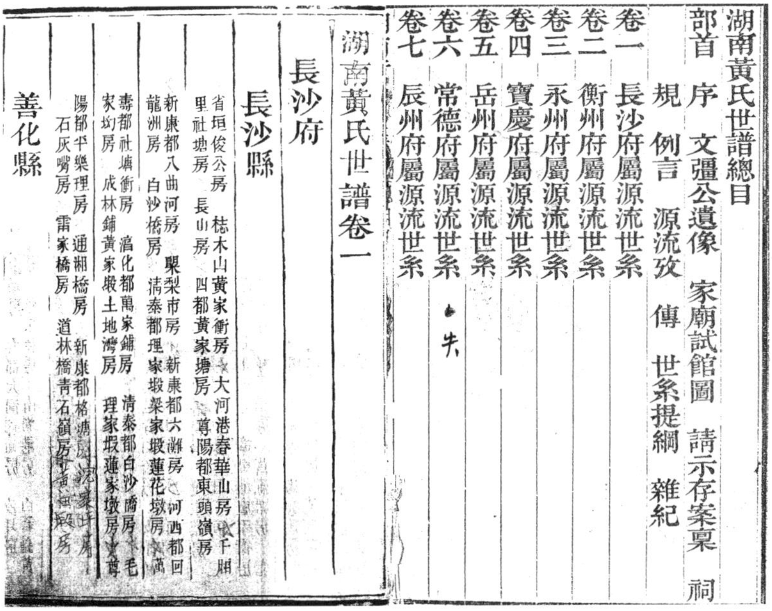
湖南黃氏世譜總目
部首 序 文疆公遺像 家廟試館圖 請示存案稟 祠規 例言 源流攷 傳 世系提綱 雜紀
卷一 長沙府屬源流世系
卷二 衡州府屬源流世系
卷三 永州府屬源流世系
卷四 寶慶府屬源流世系
卷五 岳州府屬源流世系
卷六 常德府屬源流世系
卷七 辰州府屬源流世系

湖南黃氏世譜卷一
長沙府
長沙縣
省垣俊公房 梽木山黃家衝房 大河港春華山房
里社塘房 長山房 四都黃家塘房 尊陽都東頭嶺房
新康都八曲河房 棗梨市房 新康都六灘房 河西都回
龍洲房 白沙橋房 清泰都狸家塅梁家塅蓮花墩房
壽都社壙衝房 滄化都萬家鋪房 清泰都白沙橋房
家坳房 戌林鋪黃家塅土地灣房 狸家塅蓮家墩房
陽都平樂理房 通湘橋房 新康都格塘
石灰嘴房 雷家橋房 道林橋青石嶺房
善化縣

清光绪四年（1878）《湖南黄氏世谱》

清朝同治至光绪年间，长沙领全省 63 县各支黄氏，修纂总谱《湖南黄氏世谱》，编制《湖南黄氏祠馆纪略》。

善化经铿黄氏族谱

谱尊国璋公（字大圭，号髦士）为始迁祖，明洪武年间从江西吉安府泰和县鹅颈大坵迁长沙郡城对江溁湾市。三世衍为三支：长以敬迁宁夏，幼以忠居浏阳，次以诚仍居溁湾市，八世又衍为梅、植、模、格、楩五支。民国元勋黄兴为梅房十九世孙。模房九世孙洽中，为经铿支祖。十一世孙钫，字伯宣，清顺治孝廉，官四川华阳知县。宗祠建城内乐朋硚迄潮宗门之间。明崇祯十二年（1639）、清康熙五十一年（1712）、清乾隆四十五年（1780）、清嘉庆十二年（1807）、清道光十二年（1832）、清同治三年（1864）、清光绪十八年（1892）纂修族谱。世派（自十五世始）：孝友维式，仁厚其孚。克昌宗业，载启宏图。承先之佑，永锡尔休。嘉嗣继武，卜世缵修。

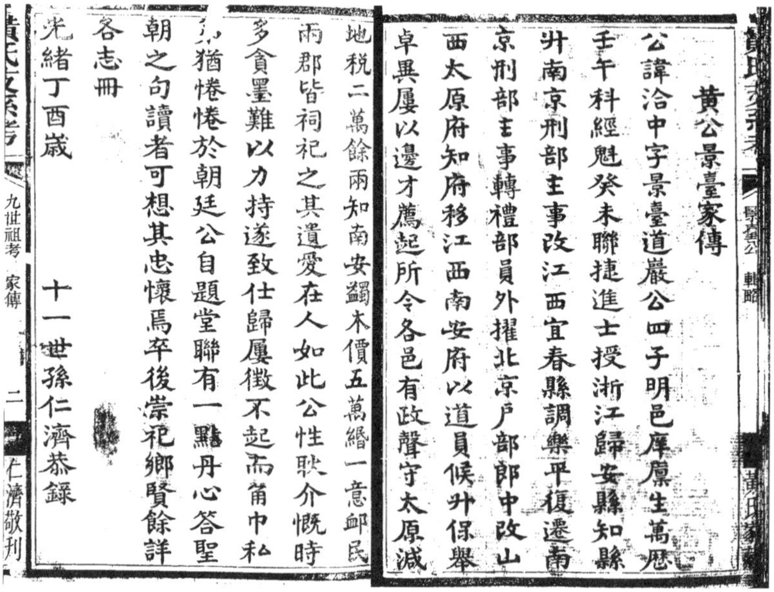
黄公景臺家傳
公諱洽中字景臺道巖公四子明邑庠廪生萬歷壬午科經魁癸未聯捷進士授浙江歸安縣知縣升南京刑部主事改江西宜春縣調樂平復遷南京刑部主事轉禮部員外擢北京户部郎中改山西太原府知府移江西南安府以道員候升保舉卓異屢以邊才薦起所令各邑有政聲守太原減地稅二萬餘兩知南安蠲木價五萬緡一意卹民兩郡皆祠祀之其遺愛在人如此公性耿介慨時多貪墨難以力持遂致仕歸屢徵不起而甯中私衷猶惓惓於朝廷公自題堂聯有一點丹心答聖朝之句讀者可想其忠懷焉卒後崇祀鄉賢餘詳各志冊
光緒丁酉歲　十一世孫仁濟恭錄
九世祖考　家傳
仁濟敬刊

清光绪二十三年（1897）《善化黄氏支系考》

善化黄氏第八世孙黄模公考取明嘉靖年间举人，担任云南府通判，他是这个农耕家族转化为仕宦家族的第一人。黄模公儿子黄洽中更上一层楼，为明朝万历进士，官吏部郎中、太原知府、南安知府。民国元勋黄兴出自这个家族，父亲黄筱村便是晚清秀才，黄兴深受传统儒学教育影响。

黄兴（1874—1916），字克强，19 岁入读长沙城南书院，

3 年后考中秀才。24 岁的黄兴由长沙湘水校经堂保送到两湖书院深造，毕业后，28 岁的黄兴被湖广总督张之洞选派，赴日本东京宏文学院速成师范科学习。

1903 年 11 月 4 日，黄兴邀湖南的留学生杨笃生、陈天华、张继、刘揆一、宋教仁、章士钊等秘密集会成立华兴会。

1912 年 1 月 1 日，中华民国南京临时政府成立，黄兴任陆军总长兼任参谋总长，授大元帅军衔。

1915 年 9 月底，黄兴收到蔡锷密信，报告袁世凯阴谋称帝。黄兴接信后，立即写信给不甘附逆的社会名流，动员他们一起反对袁世凯称帝。

1916 年，黄兴积劳成疾，在上海去世，时年 42 岁。孙中山主持治丧活动，黄兴归葬长沙岳麓山。黄兴共育有 5 子 3 女，他们发奋学习，都是各行各业的翘楚精英。黄兴家族枝繁叶茂、人才济济。2004 年，黄兴 130 周年诞辰之际，后人从世界各地团聚长沙，举行追思活动。

长沙黄氏支系

长沙山桂黄氏：始祖辛四公，明洪武初由江西南昌府丰城县瓦子街双井钓鱼台迁湖南善化县之上堡土。该族名人：黄昌年。清乾隆末创建宗祠。清同治元年（1862）始修族谱，1913 年、1948 年续修。派名：辛仕兴定景，续添万单日。国朝廷一应，邦本世起经。聚顺家延庆，修培业敬承。汝思增泽在念振先声。

长沙南门外南湖巷黄氏：始迁祖鸾、凤、凰、定四公，明洪武二年（1369）由江西南昌府丰城县瓦子街迁湘。鸾公居湘阴，凤公居善化，凰公居常德，定公居省垣南门外南湖巷。支谱初修于清乾隆二十五年（1760），清同治四年（1865）续修，1922年三修。清乾隆间建祠于河西武家山。派语（自二世始）：荣华永远，达显朝廷。家国世宗，正直先型。谋贻百代，教授一经。竹苞松茂，桂馥兰馨。积德甚厚，流泽孔长。佑启后嗣，能迪前光。

宁乡泉塘黄氏：迁湘始祖应麒公。元至元十九年（1282）、元至治二年（1322）、明成化十二年（1476）、明万历二十九年（1601）、清雍正四年（1726）、清咸丰八年（1858）、清光绪二十四年（1898）、1928年、2012年九修族谱。字派：志道时已启，显学振元勋。继述传诗教，宏开尚礼文。孝友为家政，忠诚佐国君。

浏阳官桥黄氏：一派君洞，原籍江西南昌府丰城县沙石街铜桥湖六坊，迁居浏北三十一都洞阳市洞阳湾。四世子琳，为长沙李氏赘婿，遂籍长沙。七世友琦，复由长沙迁浏西江东，繁衍于官桥。清光绪二十年（1894）三修，其时男丁954人，女口411人。1934年四修，其时男丁1103人，女口547人。本宗行派：君广左子孟，永友廷绍守。显金文木之，坤锡泗甲良。立志承先业，家声远盛昌。序述思宗德，恢宏益大光。笃生英俊启，辅国兆明扬。

第三篇

唐宋时期长沙是北方移民的乐土

唐天宝十四年（755），“安史之乱”爆发，大唐由盛而衰，长沙却“因祸得福”。北方政商精英纷纷偏安长沙，大量人口涌入，促使长沙的经济社会发展有了历史性大飞跃。唐大历五年（769），唐朝湖南观察使，下辖潭、衡、邵、永、道五州，治所在潭州（长沙），长沙成为南方重要的政治文化中心。

北宋地理名著《元丰九域志》，列举宋代 20 万人口以上的城市有 6 处，潭州（长沙）就位列其中。

诗圣杜甫随后来到长沙，寄住在今天的杜甫江阁，留下 50 余首诗文。杜甫在《清明》中描述长沙繁华的诗句：“著处繁花务是日，长沙千人万人出。”清明时节，长沙繁花似锦，人们纷纷走出家门，市井热闹非凡，生动地展现了长沙城的繁华与活力。

唐玄宗时宫廷乐师李龟年，也曾与杜甫在长沙“美丽邂逅”。从唐朝初年“安史之乱”到五代十国，北人南迁，持续了三百多年，长沙人口实现爆炸式增长。晚唐著名诗人韦庄在《湘中作》感慨：“楚地不知秦地乱，南人空怪北人多。”折射出北人南迁的真实性。

长沙杜氏

杜氏源流

杜氏是一个古老的姓氏，周成王将其弟弟姬虞分封于唐（今山西翼城），其后裔在周宣王时期迁至杜城（今陕西西安长安区），建立杜国。杜国后为秦所灭，子孙遂以故国“杜”为氏，尊杜伯为得姓始祖。西汉名臣杜延年，是京兆杜氏崛起的标志性人物。西晋有杜预受封当阳侯，开襄阳杜氏。他文武双全，是少数进奉文庙和武庙的全才之一。其军事才能突出，领兵一举收复吴国，实现三国三分天下后的华夏大一统。

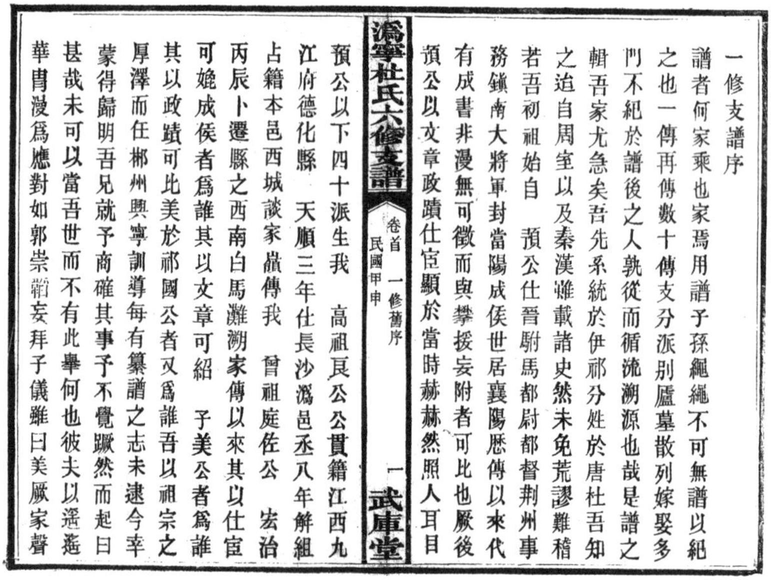
一修支譜序
譜者何家乘也家焉用譜予孫繩繩不可無譜以紀
之也一傳再傳數十傳支分派別廬墓散列嫁娶多
門不紀於譜後之人孰從而循流溯源也哉是譜之
輯吾家尤急矣吾先系統於伊祁分姓於唐杜吾知
之迨自周室以及秦漢雖載諸史然未免荒謬難稽
若吾初祖始自　預公仕晉駙馬都尉都督荆州事
務鎮南大將軍封當陽成侯世居襄陽歷傳以來代
有成書非漫無可徵而與攀援妄附者可比也厥後
預公以文章政蹟仕宦顯於當時赫赫然照人耳目

潙寧杜氏六修支譜　卷首　一修舊序　民國甲申　一　武庫堂

預公以下四十派生我　高祖叚公公貫籍江西九
江府德化縣　天順三年仕長沙潙邑丞八年解組
占籍本邑西城談家嶺傳我　曾祖庭佐公　宏治
丙辰卜遷縣之西南白馬灘溯家傳以來其以仕宦
可媲成侯者爲誰其以文章可紹　子美公者爲誰
其以政蹟可比美於祁國公者又爲誰吾以祖宗之
厚澤而任郴州興寧訓導每有纂譜之志未逮今幸
蒙得歸明吾兄就予商確其事予不覺蹶然而起曰
甚哉未可以當吾世而不有此舉何也彼夫以遥遥
華冑漫爲應對如郭崇韜妄拜子儀雖曰美厥家聲

民国三十四年（1945）《沩宁杜氏六修支谱》

诗圣杜甫（712—770），字子美，出生于河南巩县瑶湾村，杜预第十三世孙，祖父杜审言是初唐著名诗人，母亲系世家大族崔家女儿。杜甫年轻的时候曾在当阳为先祖杜预守墓，写下了著名的墓志铭《祭远祖当阳君文》，把杜氏源流阐述得清清楚楚。今天各地杜氏修谱，都收录杜甫写的这篇墓志铭。潭州杜氏来源于杜甫，他是始迁祖，卒后葬在平江安定镇小田村。

杜甫的长沙岁月

唐大历三年（768），57岁的杜甫思乡心切，乘舟出蜀，达江陵（荆州），原本打算北归洛阳，却因商州兵乱，道路阻隔遂放弃北归。杜甫乘舟穿越八百里洞庭沿湘江南行，人生的最后两年，与长沙结缘。

唐大历四年（769）春，杜甫乘坐的小舟到达长沙乔口，他在这里写下了《入乔口》，诗云："漠漠旧京远，迟迟归路赊。残年傍水国，落日对春华。树蜜早蜂乱，江泥轻燕斜。贾生骨已朽，凄恻近长沙。"

杜甫把小舟泊在小吴门码头，踏上潭州土地。他抖落满身疲惫，游历潭州古城，流连定王台旧址和贾谊故居，看市井繁华，思人生得失，留下多首写长沙的诗歌，如《清明二首》《发潭州》。

唐大历五年（770）四月，长沙发生臧玠之乱，杜甫决计北归，落叶归根。他从长沙启程不久就病倒了，于是转舟汨罗江，准备前往昌江（岳阳平江）投奔好友裴隐。唐大历五年（770）冬，由于舟车劳顿，缺医少药，杜甫病情迅速加重，预感时日不多，在孤舟上写下《风疾舟中伏枕书怀三十六韵奉呈湖南亲友》，于冬日寒风中撒手人寰，享年59岁。

长沙是诗圣杜甫最后的港湾，他把最深情的吟咏和血脉后人都留在了长沙。

杜甫的后裔在长沙

唐大历五年（770），59岁的杜甫病逝于湘江行舟上。将舟泊于湖南平江后，夫人杨氏安排18岁的儿子杜宗文捧着父亲杜甫写的诗上岸去县衙求助。在县衙和热心肠的人们的帮助下，杜甫葬于平江县南16公里的安定镇小田村杜家洞。1956年，杜甫墓地被列为湖南省重点文物保护单位。

据民国十六年（1927）平江《杜氏族谱》记载，按照葬俗，其子宗武、孙嗣业留下守墓。因此杜甫一脉居湘。杜甫儿子杜宗武去世，孙杜嗣业为完成先人遗愿，千方百计想把杜甫的灵柩归葬故里河南偃师。然时局混乱，加上千里迢迢，祖父、祖母、父亲三具遗骸亟待迁葬，需要巨额资金，困难重重。杜嗣业在四处求援收效甚微的情况下，只能痛苦地打消启柩"归附偃师"的念头，将原来筹措的归葬资金为祖父、祖母、父亲修建了一座一室两耳的连体唐中期风格砖墓，在平江"入土为安"。从杜甫开始，平江这支杜氏已经繁衍了46代人。字辈如下：世德源流远，家声衍庆长。诗书开圣道，瑞彩永呈祥。

1988 年，平江杜甫墓祠作为岳阳楼洞庭湖风景名胜区的景点，被国务院批准为国家重点风景名胜区。2012 年 11 月 1 日，在平江县安定镇小田杜公祠举办纪念杜甫诞辰 1300 周年万人吟诗活动，将 11 月定为“吟诵杜甫诗词活动月”。

长沙杜氏支系

长沙栗子港杜氏：始迁祖伯铭公，明洪武初由江西迁居善化十连塘，后人世居善化杜家河十连塘，后移居长沙长桥栗子港。

浏阳杜氏：始迁祖文久公，清代自广东梅县迁浏。后人聚居于中和杜家湾。

宁乡杜氏：始祖元凯公，讳预，仕晋，受封当阳侯。十三派至杜甫，四十派至光隆、光炽二公。光炽公讳良，官宁乡县丞，解组后占籍宁邑西城淡家岭，其子庭佐于明弘治九年（1496）卜居县治西南白马滩，为沩宁支祖。族谱创修于明崇祯六年（1633），1945 年六修。老派：仕起诗学，名振楚邦。永守先业，克绍前光。

长沙萧氏

萧氏源流

周朝宋国国君微子启的孙大心因功封在萧地。楚国灭萧国，其后代以国名为姓，以萧大心为始祖。

唐元和年间，萧俭任潭州刺史、湖南观察使。孙乾元、文元、体元、贞元、信元兄弟为避乱，携家族从长沙迁居江西庐陵膏泽乡高塘。江西吉水县、永丰县、泰和县萧氏族谱记录先祖来自湖南长沙。

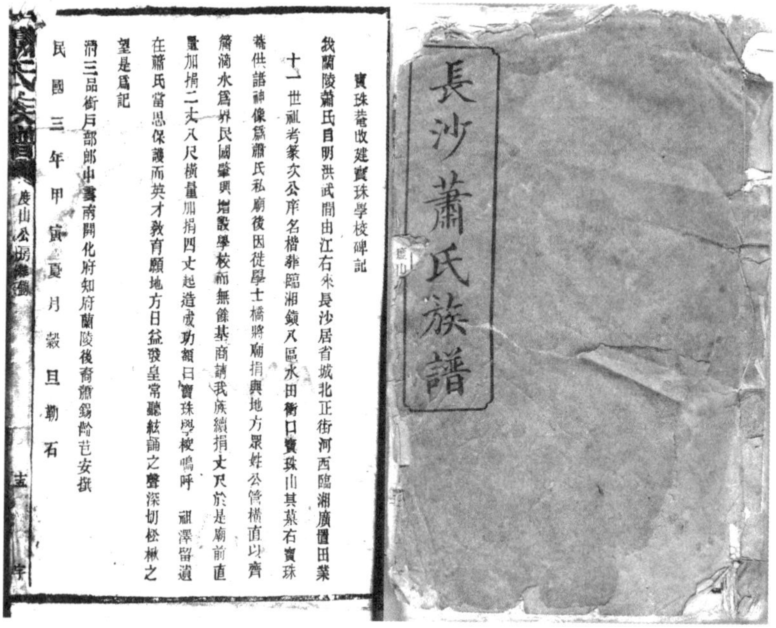
寶珠菴改建寶珠學校碑記

我蘭陵蕭氏自明洪武間由江右來長沙居省城北正街河西臨湘廣置田業十一世祖考篆文公彦名楷葬臨湘鎮八區水田衝口寶珠山其墓右寶珠菴供諸神像為蕭氏私廟後因徙學士橋將廟捐與地方衆姓公管橫直以齊簷滴水為界民國肇興增設學校而無餘基商請我族續捐丈尺於是廟前直量加捐二丈八尺橫量加捐四丈起造成功額曰寶珠學校嗚呼 祖澤留遺在蕭氏當思保護而英才教育願地方日益發皇常聽絃誦之聲深切松楸之望是為記

清三品銜戶部郎中雲南開化府知府蘭陵後裔蕭錫齡芑安撰

民國三年甲寅夏月穀旦勒石

民国七年（1918）《长沙萧氏族谱》

长沙萧氏分布在长沙县学士桥、石江桥一带，始迁祖庆一公于明洪武二十二年（1389），从江西先迁长沙北门正街，经商致富，人称“萧半街”。他的后裔在长沙东乡学士桥、石江塘、麻林桥等处买田土安家，至今已传28代，人丁过万计。据族谱记载，从明弘治年间开始到晚清废除科举考试的400多年里，长沙萧氏出多名进士举人，秀才不计其数。因科举成绩斐然，萧氏修谱时尤为注重收录哀荣录、办学、修桥、契约等有关家族史的档案资料。有先人传赞32篇，墓志铭18篇，尤其是把官府公文收入族谱尤为珍贵，在其他族谱少见。

清乾隆五十六年（1891）初修族谱，清道光二十四年（1844）二修，清光绪九年（1883）三修，民国八年（1919）四修，1998年五修。字辈：庆应言德，人臣汝鸣。羽宗本世，玉诏立光。楚恩延先，泽宏业广。孝友维式，景运昌明。清源正本，大启家声。

长沙名士萧荣爵谱上有名

萧荣爵（1852—1935），长沙县学士桥萧氏。43岁赴北京参加会试，中第五十二名进士，保和殿皇帝复试第一名，是排在状元、榜眼、探花后的第四名，即传胪。

萧荣爵的科举考试卷介绍了籍贯,附有上三代人的简介。古代参加科举，要以族谱报名参加考试，佐证清白历史。萧荣爵在族谱里的齿录谱名为延鳌，即长沙萧氏十九世“延”字辈，册名荣爵。

萧荣爵的政绩出色。在担任广东正考官时，发现了考生刘春霖、商衍鎏。在清朝最末一届会试中，刘中状元，商得探花，三鼎甲状元和探花都出自他的门下。

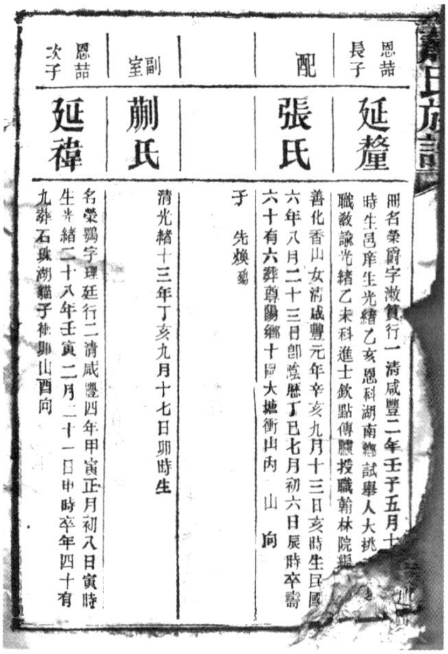
恩喆長子 延釐
冊名榮爵字澂賓行一清咸豐二年壬子五月十[illegible]時生邑庠生光緒乙亥恩科湖南鄉試舉人大挑[illegible]職教諭光緒乙未科進士欽點傳臚授職翰林院編[illegible]
配 張氏
善化香山女清咸豐元年辛亥九月十三日亥時生民國六年八月二十三日即陰曆丁巳七月初六日辰時卒壽六十有六葬尊陽鄉十甲大塘衝山內 山 向
子 先煥
副室 蒯氏
清光緒十三年丁亥九月十七日卯時生
恩喆次子 延禕
名榮鷳字理廷行二清咸豐四年甲寅正月初八日寅時生光緒二十八年壬寅二月二十一日申時卒年四十有九葬石珠湖貓子卯山酉向

民国七年（1918）《长沙萧氏族谱》萧荣爵齿录

103 岁老人萧童氏获咸丰皇帝赏赐的各级报请文书

《旌表童寿母始末》是 160 多年前，由基层里甲发起，经乡约、州县、府道逐级核验，最终由湖南巡抚题奏礼部呈递至御前审批的全流程公文汇编。

长沙府官办《具实》录入长沙《萧氏族谱》节选如下：

“寿母系平江县童处士自申之女。清乾隆二十四年十二月初四寅时生。归长沙庠生萧鹤立为妻。越五十余年，夫故。子四，长光涫；次光瀛太学生；三子光溜廪生，捐训导曾署宝庆城步学事；四子光泗太学生；11 孙，14 曾孙，1 元孙。综计内外五十余人。一庭翕然，人琄悉寿母之教。”

长沙府《册结》的核实资料：“长沙府核实情况：为寿届百龄，堂同五代，禀恳转达以彰盛瑞事。有关人员去长沙县参加了萧氏童母的百岁宴。出具亲眼所见，谨禀。”

巡抚部院骆，即骆秉章（1793—1867），对“旌表百岁”奏折十分认真。在长沙县申报以后，命代理长沙府知府张修府，再将该县送来的《具实》《宗图》《册结》核实。他在《奏折》里提到的“宗图”，以族谱为凭据。礼部收到奏折讨论后，报请咸丰皇帝后回复如下：地方政府出建牌坊银 30 两。咸丰皇帝从内务府支出银子 10 两，上用缎一匹。

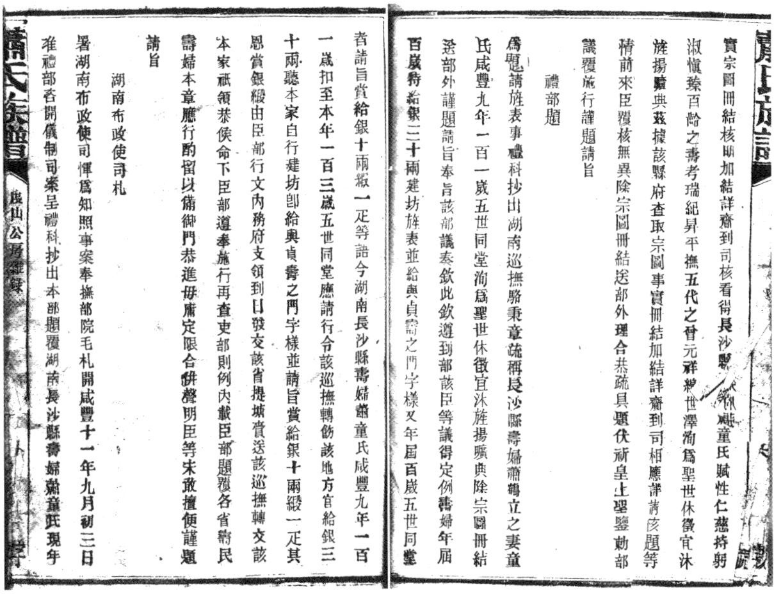
實宗圖冊結核明加結詳齋到司核看得長沙縣[illegible]童氏賦性仁慈持躬
淑慎臻百齡之壽考瑞紀昇平擁五代之曾元祥綿世澤洵爲聖世休徵宜沐
旌揚曠典茲據該縣府查取宗圖事實冊結加結詳齋到司相應詳請咨題等
情前來臣覆核無異除宗圖冊結送部外理合恭疏具題伏祈皇上聖鑒勅部
議覆施行謹題請旨
禮部題
爲題請旌表事禮科抄出湖南巡撫駱秉章疏稱長沙縣壽婦蕭鶴立之妻童
氏咸豐九年一百一歲五世同堂洵爲聖世休徵宜沐旌揚曠典除宗圖冊結
送部外謹題請旨奉旨該部議奏欽此欽遵到部該臣等議得定例壽婦年屆
百歲特給銀三十兩建坊旌表並給與貞壽之門字樣又年屆百歲五世同堂
者請旨賞給銀十兩緞一疋等語今湖南長沙縣壽婦蕭童氏咸豐九年一百
一歲扣至本年一百三歲五世同堂應請行令該巡撫轉飭該地方官給銀三
十兩聽本家自行建坊即給與貞壽之門字樣並請旨賞給銀十兩緞一疋其
恩賞銀緞由臣部行文內務府支領到日發交該省提塘賫送該巡撫轉交該
本家祇領恭候命下臣部遵奉施行再查吏部則例內載臣部題覆各省壽民
壽婦本章應行酌留以備御門恭進毋庸定限合併聲明臣等未敢擅便謹題
請旨
湖南布政使司札
署湖南布政使司惲爲知照事案奉撫部院毛札開咸豐十一年九月初三日
准禮部咨開儀制司案呈禮科抄出本部題覆湖南長沙縣壽婦蕭童氏現年
蕭氏族譜 良山公房雜錄

民国七年（1918）《长沙萧氏族谱》

内务府锦缎，按照现代计量单位换算，一匹锦缎 33.3 米，可以裁剪缝制短款衣15件，长款衣10件。

此谱由长沙河图观萧丹道长保存，她热爱地方文史，常常研读该谱，从族谱里记录的先辈、地名、事件中找到佐证资料进行研究。她说族谱是家学。一部编修全面的族谱是在传递先人的精气神，能学到教科书里没有的知识。

长沙萧氏支系

长沙西乡沱市萧氏：始迁祖定恭公，明永乐八年（1410）由江西庐陵县迁长沙西乡沱市。生致宣、致用、致善、致德、致谦，以启五房。派语：定致如德成邦立，贤良方正允征祥。大希道学光先泽，绍启人文裕后昌。

浏阳杨丁萧氏：一世大心公，六十七世继祖，明初由江西庐陵迁湖南浏阳支分东乡大光、南乡萧家冲、西乡萧家坪等处。长子进良，卜居浏北杨丁，为该族一代祖。清乾隆五十二年（1787）创建宗祠，派行：本厚根深，孝友敦行。健顺崇启，朝廷承盛。仁让教家，诗书光宗。克绍前烈，万世兴隆。该族名人：萧平波，国民革命军少将。

宁乡西城萧氏：初祖燧公，南宋绍兴进士，官国子监司业，累至参知政事由江西宦居楚南。至元初，其裔孙经汉居湘潭鸿门，经修居宁乡西城。经修传至五世立安、胜一、端分居湘潭、宁乡、益阳，分为三大房。1943年经修裔三房六修族谱。

长沙马氏

马氏源流

战国时，赵国王子赵奢以善于用兵著称，被封在马服，称为马服君。他的子孙初以“马服”为姓，后省去“服”字，为马氏。

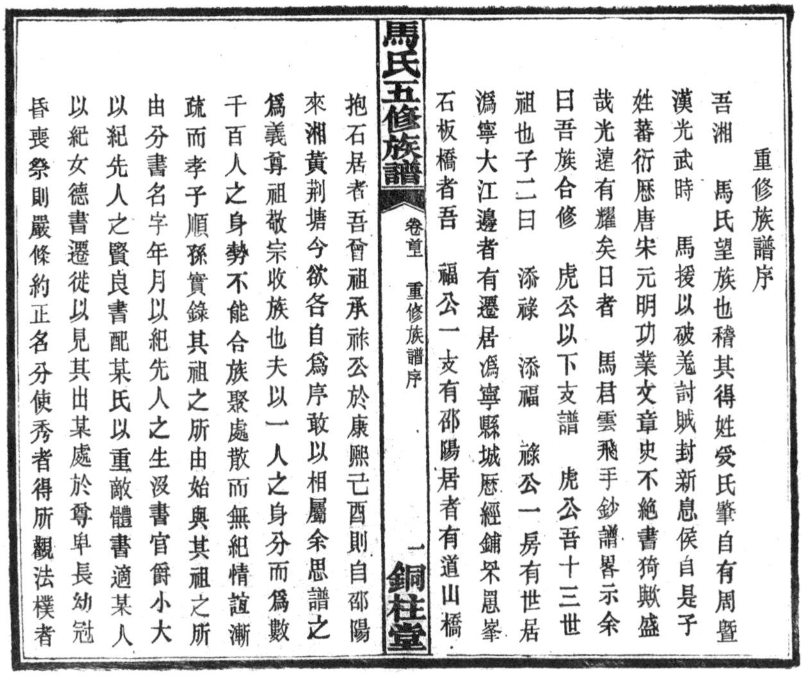
重修族譜序
吾湘　馬氏望族也稽其得姓受氏肇自有周暨
漢光武時　馬援以破羌討賊封新息侯自是子
姓蕃衍歷唐宋元明功業文章史不絕書猗歟盛
哉光遠有耀矣日者　馬君雲飛手鈔譜畧示余
曰吾族合修　虎公以下支譜　虎公吾十三世
祖也子二曰　添祿　添福　祿公一房有世居
溈寧大江邊者有遷居溈寧縣城歷經鋪采思峯
石板橋者吾　福公一支有邵陽居者有道山橋

馬氏五修族譜　卷首　重修族譜序　一　銅柱堂

抱石居者吾曾祖承祚公於康熙己酉則自邵陽
來湘黃荆塘今欲各自爲序敢以相屬余思譜之
爲義尊祖敬宗收族也夫以一人之身分而爲數
千百人之身勢不能合族聚處散而無紀情誼漸
疏而孝子順孫實錄其祖之所由始與其祖之所
由分書名字年月以紀先人之生沒書官爵小大
以紀先人之賢良書配某氏以重敵體書適某人
以紀女德書遷徙以見其出某處於尊卑長幼冠
昏喪祭則嚴條約正名分使秀者得所觀法樸者

民国三十八年（1949）《马氏五修族谱》

五代十国时期，马殷带十万部队进军湖南，成立马楚国，都城立长沙，割据湖南 56 年。随马殷来长沙定居的马氏支系很多。当代名人马英九是马殷后人，多次回长沙寻根问祖。

马援两次南征

东汉伏波将军马援（前14—49），字文渊，扶风茂陵（今陕西兴平）人，东汉著名军事家。他一生两次南征，并与楚地结下不解之缘。

东汉建武十六年（40）交趾郡征侧、征贰姐妹起兵叛乱，光武帝刘秀派马援率军平叛，诏令长沙、含浦、交趾等郡准备马车、战船，存储粮草支持马援。马援率军两万余人，大小战船多艘溯湘江而上，过广西灵渠，经含浦入交趾，水陆并进，势如破竹，大破叛军。

东汉建武二十五年（49），马援率军第二次南下平叛，可惜年事已高，又感染南方瘴气，病重死于湖南桃源，实现了他"马革裹尸"的誓言。

马援军队中的士兵和家属，包括马氏家族的人员，南征后有留在当地的，成为湖南地区的新移民。其中对后世影响较大的是，大军经过湖南零陵（永州）时，马援任命自己最看重的部下龙伯高为零陵太守。

马殷与长沙国

马援后人马殷（852—930），许州鄢陵人，今属河南省。马殷初入募兵时，靠军饷可活家小。唐天复年间（901—904），马殷通过参与湖南地区藩镇战争逐步扩大势力，其军事策略兼具果敢与怀柔特征，最终于后唐天成二年（927）建立以长沙为都城的楚国政权。面积包括现今湖南全境，广西大部及广东、贵州部分地区，是历史上唯一以湖南为中心的割据政权。

马殷建国时，从江西带来十万人马，还吸引北方世族和平民纷纷来长沙落业。这是湖南人口继东晋“五胡乱华”、唐朝“安史之乱”后，第三次大增长。

马殷在位时期，军事上内靖乱军，外御强藩，保境安民。经济上奖励农桑、发展茶叶、倡导纺织、重视贸易。刺激流通，以茶叶、纺织、矿产等贸易带动经济发展。茶税是马楚国主要税收来源，政府每年税收“凡百万计”。为促进茶叶的生产与贸易，马殷采取“令民自造茶”“听民售茶北客”的宽松政策。马殷还在汴州、荆州、襄州、唐州、郢州、复州设置回图务商业货栈，组织商人收购茶叶。用茶叶换取中原的丝绸、战马。为了发展商业，采取免收关税，招徕各国商人，大力发展与中原和周边的商业贸易。

长沙棉纺业始于马楚国，此时楚地已种棉花，老百姓能织出细密厚暖的棉布。马楚国命百姓可以用棉布代替钱交赋税，“民间织机大盛”。

马楚时期，老百姓丰衣足食。马坡岭、圭塘河是马楚国的粮食生产基地，东湖建有大型粮仓“常丰仓”。在北方战乱纷飞的五代十国，长沙城岁月静好。

马殷的儿子马希范，平定溪州刺史彭士愁之乱，与其签订《溪州盟约》，铸铜柱立于溪州会溪，即今天的永顺县芙蓉镇，将土家族纳入楚国版图。溪州铜柱，现保存于永顺县芙蓉镇王村湘西民俗风光馆。

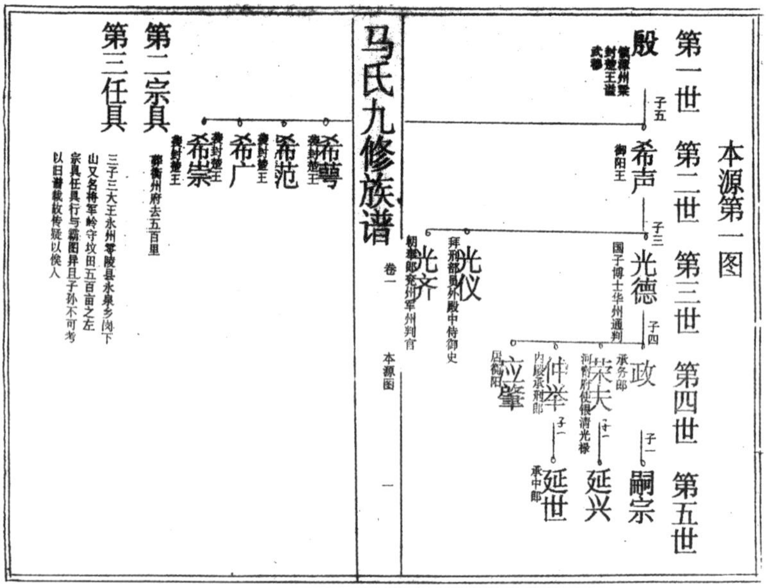

民国三十八年（1949）《马氏九修族谱》

如今漫步长沙街头，能找到马楚国的很多遗存，如佛教圣地开福寺。马楚国王城所在地小瀛洲、碧湘街、明月池、会春园……长沙还有很多带马字的地名，如马王堆、马坡岭、马家巷、马栏山、马王街、马益顺巷等。

马殷有 30 多个儿子，分布于马楚国各地。马殷之孙马宏芳 907 年由长沙迁茶陵古城（即马王城），后裔兴旺发达，分布在腰陂、马加、枣市东、西岭等地。

长沙马氏支系

长沙县明道乡马氏：始迁祖崇云公，原籍江西南昌府丰城，明洪武初封英武将军，出镇长沙，始迁长沙省城，后迁明道乡水渡河，又由水渡河迁淳化乡苦竹坳。总祠在明道乡龙华岭，分祠在淳化乡苦竹坳。至 1948 年，已传 24 代，约 2000 人。

浏阳浏东马氏：迁湘始祖贻潇公，明永乐时自江西分支湘潭，传三代至时曾公，明嘉靖元年（1522）自湘潭落业浏东。

湖田马氏：鼻祖马援，起家茂陵，卒葬凤翔之扶风。明洪武元年（1368），成中公抵长沙任武指挥，卜居大托铺。其子光佑荫职，于明永乐八年（1410）奉其母及妻、子，由长沙溯流而上，泊石州岸，由港口进，见杨溪埠及湖田一带山环水抱，遂卜筑于斯。传至二十二世有马英九。马英九父子多次回祖籍地拜祭先人，去陕西扶风拜祭马援。族谱一修于清康熙六十年（1721），派语（自第十四派始）：世士尚志，学遵大人。英才继起，克佐天廷。懋昭先绪，显扬芳声。树德宣猷，邦家之荣。民风欧化，匡时立言。勉维宗法，广植心田。明伦重道，忠孝节廉。发祥昌炽，福禄长绵。

长沙冯氏

冯氏源流

周文王第十五子毕公高，其后代因封地在冯城而姓冯。

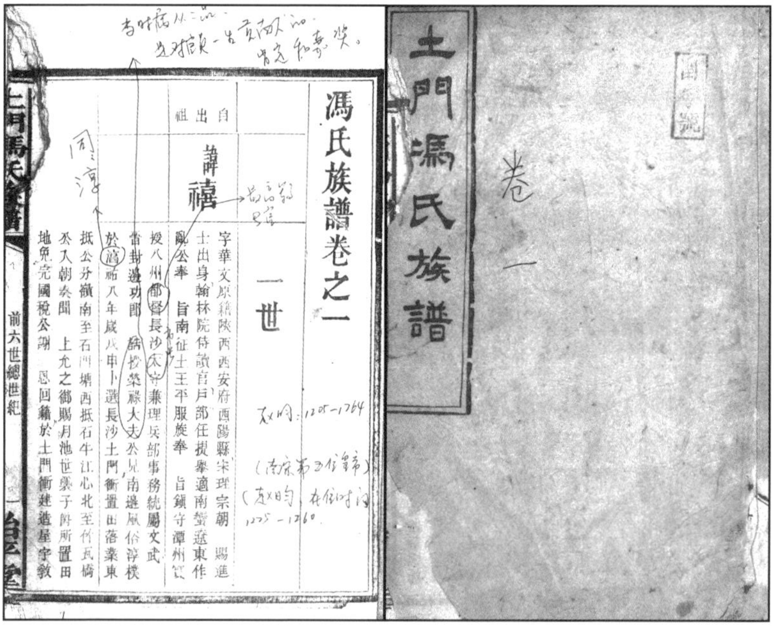

长沙《土门冯氏族谱》残卷由望城区冯峥收藏

最早迁长沙的土门冯氏，始迁祖讳禧，原籍陕西西安府西阳县。宋理宗朝赐进士出身，翰林院侍读官，户部任提举，奉旨南征镇守潭州。宋淳祐八年(1248)，退休卜居长沙土门冲，即今长沙市望城区桥驿镇禾丰村。

元末明初，原籍江西的冯氏有多支迁长沙。清朝初年，还有从广东番禺迁浏阳的冯氏。

元曲大家长沙冯子振

冯子振（1253—1348），字海粟，元散曲大家。自号瀛洲客、怪怪道人。元大德二年（1298），47岁的冯子振登进士第，人谓“大器晚成”。

冯子振博闻强记，才气横溢，文思敏捷，下笔万言，倚马可待，文章称雄天下。他一生著述颇丰，传世有《居雍赋》《十八公赋》《华清古乐府》《海粟诗集》《梅花百咏》等。

冯子振是散曲天才，酒酣耳热，信手拈来，散曲小令，即景生情，吊古伤今，劲逸潇洒。散曲写罢常常落款：长沙冯子振。

元代的长沙商贸已经很繁荣，《元史·食货志》载，当时扬州的商船，溯江而上，远及长沙。长沙与全国各地的商业联系非常密切。《马可·波罗游记》记载，在元代沿长江的新兴商业大城市中长沙名列其中。冯子振在元曲里记录了长沙。

岳麓山自古是咏梅佳境，梅花在雪中绽放，更添一份清冷与高洁。冯子振曾有文云：“七日发岳麓寻梅不获，至十日遇雪赋梅。”描述了他在岳麓山中寻梅未果，却在雪后意外遇到梅花的情景，展现了岳麓山梅花与雪景交相辉映的美景。冯子振是咏梅高手，有《梅花百咏》组诗传世。

冯子振在长沙望城茶亭驿站附近荒岭义种梅花，供游子们观赏，故名梅花岭。茶亭驿是湘阴进入长沙的第一个驿站，因冯子振在荒岭上遍植梅花，回长沙的游子在冰天雪地里看到红梅便能感受到家乡的温暖。虽然今天这里已经没有梅树了，但是保留了与梅花相关的地名，如梅花岭社区、梅园。

冯子振的曾孙冯瀫任湘乡教谕，落籍湘乡三田，开三田冯氏一族。冯瀫整理收集曾祖父冯子振作品，编入了《山田冯氏族谱》，人们便认为冯子振是湘乡人。

长沙冯氏是“老街坊”

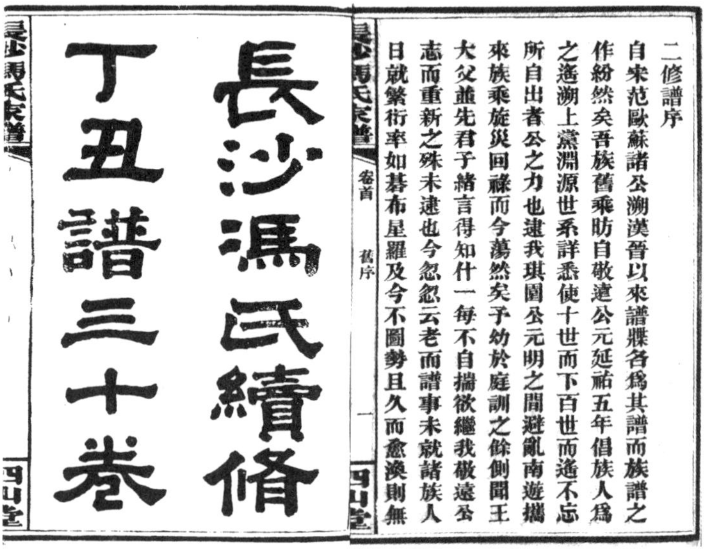
長沙馮氏家譜
長沙馮氏續脩
丁丑譜三十卷
四山堂

長沙馮氏家譜　卷首　舊序　一　四山堂
二修譜序
自宋范歐蘇諸公溯漢晉以來譜牒各爲其譜而族譜之
作紛然矣吾族舊乘昉自敬遠公元延祐五年倡族人爲
之遙溯上黨淵源世系詳悉使十世而下百世而遙不忘
所自出者公之力也逮我琪園公元明之間避亂南遊攜
來族乘旋災回祿而今蕩然矣予幼於庭訓之餘側聞王
大父並先君子緒言得知什一每不自揣欲繼我敬遠公
志而重新之殊未逮也今忽忽云老而譜事未就諸族人
日就繁衍率如碁布星羅及今不圖勢且久而愈渙則無

民国二十六年（1937）《长沙冯氏家谱》四山堂

长沙冯氏四山堂支始迁祖琪园公（1334—1404）随做官的舅家来长沙徙居碧湘街，开启长沙冯氏碧湘街支系。琪园公孙天爵公，因爱碧湘二字，干脆将自己的名号叫“碧湘”。

琪园公第六世有兄弟四人，分号檀山、麓山、寿山、团山。麓山一房留居碧湘街，檀山、寿山、团山诸公分居乡里。

于是麓山公在碧湘街“尚友书堂”左边再建“四山堂”，助兄弟之间情感联络。碧湘街旁燕子岭社区是冯姓聚居地，有地名冯家湾。如此算来，长沙冯氏先祖于元末明初就生活在碧湘街，算得上老长沙人了。

冯东飏（1740—1820）是该族名人，晚号铁庵，举人，任浯溪教谕，琪园公十三世孙。其恩师岳麓书院山长王文清称赞他为“国器”。有诗收入清道光年间欧阳厚均编撰的《岳麓诗文钞》。他有多篇文章被收入株洲霞湾冯氏、湘潭油麻岭冯氏族谱里，他还为族谱作序。

《霞湾冯氏七修族谱》与《湘潭油麻岭冯氏七修族谱》

株洲霞湾冯氏斗牛、湘潭油麻岭冯氏斗祥与长沙四山冯氏同宗，均为冯公有运字秉枢的儿子，属于兄弟关系。霞湾和油麻岭冯氏于 2023 年、2022 年颁发七修族谱。两支族谱的主编及负责人是冯启剑、冯雪林。族谱分送各大图书馆及长沙仰岳楼家谱馆收藏。这两支冯氏在三修谱时，从第十五世统一了字辈：承芳植本，维先树德。继起日新，振家辅国。

浏阳镇头冯氏属于闰公后裔。闰公字铨衡，号尼山，宋宝佑五年（1257），携长子泽行、次子泽桂，由江西瑞州府新昌县冯家坊迁浏阳东乡高坪镇头。长子行居东乡镇头、次子桂居西乡官桥冯家塅。明永乐年间，东乡、西乡两房首次合修族谱。清乾隆年间，两房分开修谱，至 2022 年两房合修《冯氏八修族谱》。两房从二十五世统一字辈：绪功能显俊，忠志育贤良。任重惟修远，培元启世昌。

1983 年，原有宗祠被政府征用改为养老院。2014 年，冯氏举族众之力，选福址重建宗祠。每年清明节，长沙湘西冯家河冯氏、长沙西湖冯氏、长沙石渚河觉华山冯氏等到该宗祠祭祖。

长沙周氏

周氏源流

周文王的儿子周公姬旦，封地山东鲁国。后代为避祸改姬姓为周姓，尊周公旦为元圣。

2006 年《周氏族谱》世系图

山东青州益都县归仁公，仕隋朝，为魏博节度使。至五世如鍉、如锡兄弟，落业今湖南宁远。

如锡公是唐圣历年间进士，粤东高州刺史、征南大元帅，因议事与武后不合，被贬为道州司马。随兄长如鍉择宁远大阳洞望岗岭周家屋落业。兄弟育二十四子，弘字派，合称“二十四弘”。他们或任他地而占籍，或相山水之宜居乡社，或慕田园之利而散居各方，成为周氏人丁最兴旺发达的支系。

周敦颐是迁宁远如锡第十一子弘谦公后裔，周树人（鲁迅）、周恩来、周光召都是这一脉。

湘水濂溪周氏一脉

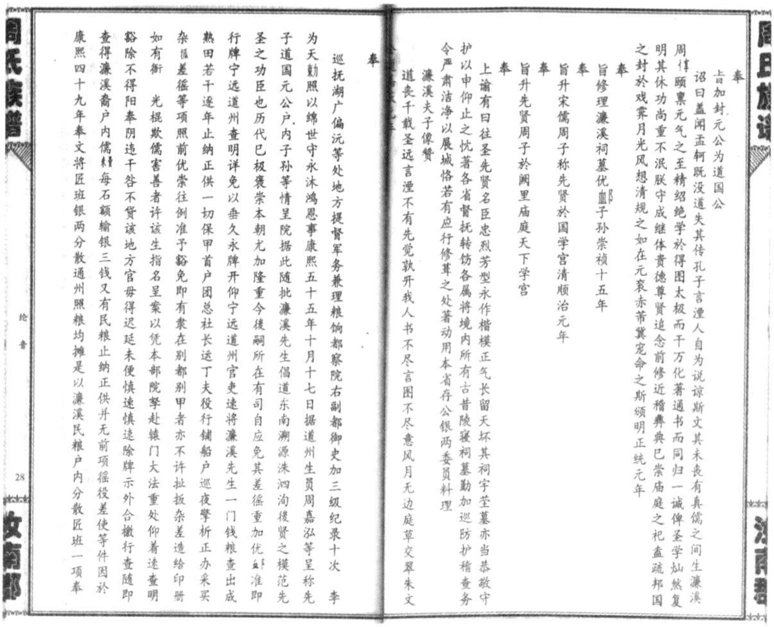

周氏族谱

奉
旨加封元公为道国公
诏曰盖闻孟轲既没道失其传孔子言湮人自为说谅斯文其未丧有真儒之间生濂溪
周惇颐禀元气之至精绍绝学於得图太极而千万化著通书而同归一诚俾圣学灿然复
明其休功尚重不泯朕守成继体贵德尊贤追念前修近稽彝典已崇庙庭之祀盍疏邦国
之封於戏霁月光风想清规之如在元衮赤芾冀宠命之斯颁明正统元年
奉
旨修理濂溪祠墓优卹子孙崇祯十五年
奉
旨升宋儒周子称先贤於国学宫清顺治元年
奉
旨升先贤周子於阙里庙庭天下学宫
奉
上谕有曰往圣先贤名臣忠烈芳型永作楷模正气长留天坏其祠宇茔墓亦当恭敬守
护以申仰止之忱著各省督抚转饬各属将境内所有古昔陵寝祠墓勤加巡防护稽查务
令严肃洁净以展城恪若有应行修葺之处著动用本省存公银两委员料理
濂溪夫子像赞
道丧千载圣远言湮不有先觉孰开我人书不尽言图不尽意风月无边庭草交翠朱文

汝南郡

周氏族谱

奉
巡抚湖广偏沅等处地方提督军务兼理粮饷都察院右副都御史加三级纪录十次 李
为天勤照以绵世守永沐鸿恩事康熙五十五年十月十七日据道州生员周嘉泓等呈称先
子道国元公户内子孙等情呈院据此随批濂溪先生倡道东南溯源洙泗洵後贤之模范先
圣之功臣也历代已极褒崇本朝尤加隆重今後嗣所在有司自应免其差徭重加优卹准即
行牌宁远道州查明详免以垂久永牌开仰宁远道州官吏速将濂溪先生一门钱粮查出成
熟田若干逐年止纳正供一切保甲首户团总社长远丁夫役行铺船户巡夜擎析正办采买
杂派差徭等项照前优崇往例准予豁免即有隶在别都别甲者亦不许扯扳杂差遗给印册
如有衙 光棍欺儒害善者许该生指名呈案以凭本部院拏赴辕门大法重处仰着速查明
豁除不得阳奉阴违干咎不貸该地方官毋得迟延未便慎速慎速除牌示外合檄行查随即
查得濂溪裔户内儒粮每石额输银三钱又有民粮止纳正供并无前项徭役差使等件因於
康熙四十九年奉文将匠班银两分散通州照粮均摊是以濂溪民粮户内分散匠班一项奉

28

汝南郡

2006 年《周氏族谱》诏书

根据 2006 年湖南宁远岭脚村汝南堂《周氏族谱》记载，周敦颐曾祖父从远公生于后唐同光元年（923），北宋进士及第，官马步指挥使。他从住了 8 代的宁远大阳洞老屋迁居道州营乐乡钟贵里石塘桥西的廉溪堡。后来周敦颐给“廉”字加上水旁，自号“濂溪”。

周敦颐是父亲辅成公二婚生的孩子，他出生的时候父亲已经50岁。父亲头婚生有一个儿子周砺，比周敦颐大很多。父亲过世的时候，周敦颐才11岁。按族谱记载，辅成公有六兄弟，他是老四，叔伯们一般不会让侄儿投奔舅舅家。古代讲究长子为大宗，作为不被重视的小宗周敦颐才会和母亲投奔舅舅。

晚年他在湘江东岸筑建濂溪书堂，将“无极而太极”的哲思镌刻于岳麓山下的书院群落之间。这种选择绝非偶然——周氏从道州到长沙的迁徙路线。长沙作为湖湘文化中枢的地位，在周敦颐的学术生命中持续发酵，为后来张栻、朱熹在岳麓书院开创的湖湘学派埋下伏笔。

周光召出身于宁乡一书院家族

周敦颐后裔辛甫公，明朝人，退休后落业于宁乡，拟定了字辈：辛志马腾宗，承邦玉士德。宪孔大家修，文章光上国。诗书启后贤，礼义辉先哲。忠孝继芳声，经猷昭法则。盛遇庆明良，秉真纾伟策。

周光召（1929—2024）是辛甫公第十七代“光”字辈裔孙。族人分布在长沙、宁乡、益阳等地。清乾隆年间在益阳建祠堂，2021年完成五修族谱。

周光召2003年12月回到长沙，将自己获得的“两弹一星功勋奖章”，赠予家乡宁乡市第一高级中学。

1929年，周光召出生于宁乡双江口镇檀树湾涧西村，这是一个与岳麓书院有600多年渊源的家族。始迁祖周辛甫是明成祖朱棣外甥侄，长沙谷王麾下的将军。辛甫公受周敦颐的影响，注重教育，于明宣德七年（1432），带着儿子们，捐资恢复重建被战火焚毁的岳麓书院，并置办学田87石，解决师生的生活与学习费用。600多年来，他的后人多在岳麓书院求学和任教。

岳麓书院是湖南大学的前身，周光召的父亲周凤九留学回国在湖南大学任教，担任土木工程系主任。周光召小学就读于岳麓书院内由湖南大学校学生会创办的“民众学校”。“民众学校”即今天湖南大学子弟小学。2005年，周光召应邀为母校子弟小学题写校名。2002年6月，湖南大学聘请周光召为名誉校长。

长沙周氏支系

长沙塘冲周氏：始迁祖荣禄公，明洪武五年（1372）由江西丰城迁长沙临湘都塘冲。该族进士有宣武、有声、树槐、树棠、有篁、玉麒、寿昌、道治、渤等。举人58名。字派：应天益思尹尚万世继承宗伯亿兆大时立本传家宏延正学象贤敦绍文士廷光。

望城黄塘周氏：始祖秉仁公，原籍江西南昌府丰城县铁树观，明师取江西遂避地来楚，率长子必富于明洪武十二年（1379）落业长沙府善化县十一都黄塘（今属望城）。清雍正年间建宗祠于神湾。1914 年四修族谱。派语：秉必思甫添伏尧正汉荫志新文安国定本为佳。

浏阳古港膏浒周氏：始迁祖遗祥公，南宋末年自江西修水迁此，分居黄佈、梅田、坝头、赤塘、大岸、浆田、黄冈岭、古港、白沙等地及善化之官山、平江之岳田等地，至清光绪三十三年（1907），已传 27 代，丁口 2 万余人。

长沙侯氏

侯氏源流

孔子说："侯氏世有功德于民乎？盖郢始祖造字以有书契，代结绳正无穷功德也。"孔子一句话就说清楚了侯氏是仓颉的后人。仓颉造字，仓颉原姓侯冈，是最早的侯氏人。

长沙有个响亮的地名"侯家塘"。因水塘而得名，因姓而聚集人气。先民依水而居。"牵羊卖羊，一卖卖到侯家塘。老板呢，买羊不？……"这一首童谣，长沙人都会唱。

侯家塘原是城区侯家人的聚居点，而城区侯氏主要来源于域内望城、宁乡及周边其他市县。主要聚居点有望城靖港、白箬铺、蓟家巷，宁乡金洲、双江口、道林，星沙福临，浏阳达浒等地。

长沙侯氏以"上谷堂"为堂号，以晋侯缗后裔隐居上谷郡而名。长沙侯氏是唐代衡州刺史侯晓之后。侯晓原籍河南密邑，生于唐大和三年（829），唐代进士，授正议大夫。

宁乡安国公支系侯氏族谱

宁乡侯氏：由广东迁来，梅州文教先贤侯安国之后。清康熙年间，湖南、湖北实行南北分治，湖南开始设立行省，政府有优惠吸引人的新政。清康熙年间沿海实行海禁，梅州人口密，他们上湖南找生存空间，迁到宁乡、望城蓟家巷、浏阳达浒等地开基立业。宁乡侯氏以诗书立训，忠孝传家，后有部分又迁往洞庭湖周边的岳阳、益阳、常德和湖北等地。如此说来，相对长沙土著姓氏，他们也算是长沙的“客家人”。

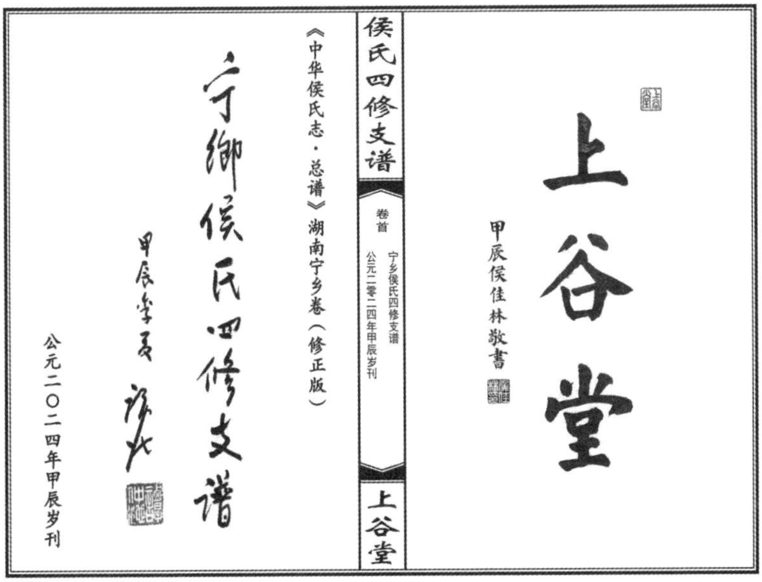

2024 年《宁乡侯氏四修支谱》

侯佳林主修宁乡侯氏四修族谱，历时七载，数易其稿，族人齐心鼎力，远近协同，竭心尽智。颁谱大典于 2024 年 12 月 15 日举行。典礼分为祭祖、颁谱、表彰、庆祝午宴、晚宴、湖南传统花鼓戏演出，各界贤达名流、各地宗亲代表共计 500 多人参加。派语：士业奇仁玉，玟华焕楚邦。家声芳大振，国泽庆平章。克象昭明德，承荣献俊良。光先启佑永，万代锡蕃昌。

此次修谱，体例完善，内容丰富，国内名家题词题跋甚多，是一部不可多得的传统家谱，现藏湖南图书馆、长沙市图书馆、仰岳楼家谱馆等。

望城蓟家巷侯氏：始祖安国公，清康熙年间由宁乡迁来，民国五年（1916）纂修族谱《侯氏三修族谱》。部分后裔迁往益阳、湖北等地。派语：臣生世龙定，宗亲肇楚邦。家声方大振，先泽庆绵长。克象昭明德，承荣献俊良。光前启佑永，万代锡蕃昌。

浏阳东乡侯氏：始祖安国公，清乾隆年间由广东梅州迁来，在浏阳东乡第三都达浒云雾山窑下坪创基立业，之后部分后裔迁往岳阳，近年修有家谱。派语：庭殿兴朝胜，高发定隆祥。德启光辉盛，家荣福自昌。

望城靖港侯氏

长沙民间以前有“耍猴把戏”表演的习俗，但不可进靖港。本地有“靖港的猴（侯）子耍不得”的俚语。

靖港原名芦江，唐朝大将李靖曾在此驻军，因其治军有方从不骚扰百姓，故后人将此地改名为靖港。靖港曾为湖南四大米市之一，又是省内淮盐主要经销口岸之一，商贾云集，市场活跃。

靖港扼守湘江通往长沙的要冲，历来为兵家必争之地。明景泰七年（1456）侯晓第二十一世孙齐贤，携家人由湘潭横头徙居靖港。部分后裔迁往常德、益阳等地。《侯氏家乘》历经七修，白箬铺一支在民国十一年（1922）曾修《湘西侯氏家谱》，现也并入靖港家乘。派语：衡州太守裔，建业盛冈林。文武多俊杰，历朝列缙绅。贤公经楚大，一家之世昌。国祚开基永，宗源庆衍长。雍和承教育，焕发裕荣芳。名显恢先绪，才能绍远祥。

侯名贵铁血丹心戍天山

1995 年《靖港侯氏家乘》侯名贵画像

侯名贵（1837—1897），以“精技击”，身手矫健而被左宗棠录用。清同治六年（1867），清廷授陕甘总督左宗棠为钦差大臣，他跟随左宗棠的楚军奉命西征。侯名贵在家乡挂榜招兵，靖港热血男儿踊跃从戎。

清光绪元年（1875），左宗棠督办新疆军务，立志收复新疆。建立了一支独立炮兵部队，命侯名贵任炮兵统帅，取名“侯名贵炮队”。侯名贵带领炮队攻城夺关，身先士卒。光绪五年（1879），侯名贵指挥炮队追遗漏贼酋立功赏给三代正一品封典。清光绪十二年（1886）授福建漳州镇总兵，随后诰授光禄大夫、振威将军。

侯名贵领炮队随左宗棠收复新疆后，驻军新疆喀什噶尔（即古疏勒地）。此地距家乡长沙 13000 里。他在军营隙地中辟蔬畦田圃，又于古木流泉间垒石为台，名“望云”台，以寄托乡思，思念母亲。侯名贵能书善画，乃绘《疏勒望云图》多幅，后编为《疏勒望云图题咏集》出版，有大批社会名流士绅题诗赠跋。左宗棠两次为侯名贵的《疏勒望云图题咏集》题跋。今国家图书馆、首都图书馆、上海图书馆、湖南图书馆均有收藏。

长沙陈氏

陈氏源流

周武王灭商后，找到舜帝的后人妫满，封国于陈。陈国灭亡后，妫满的子孙遂以国为姓。

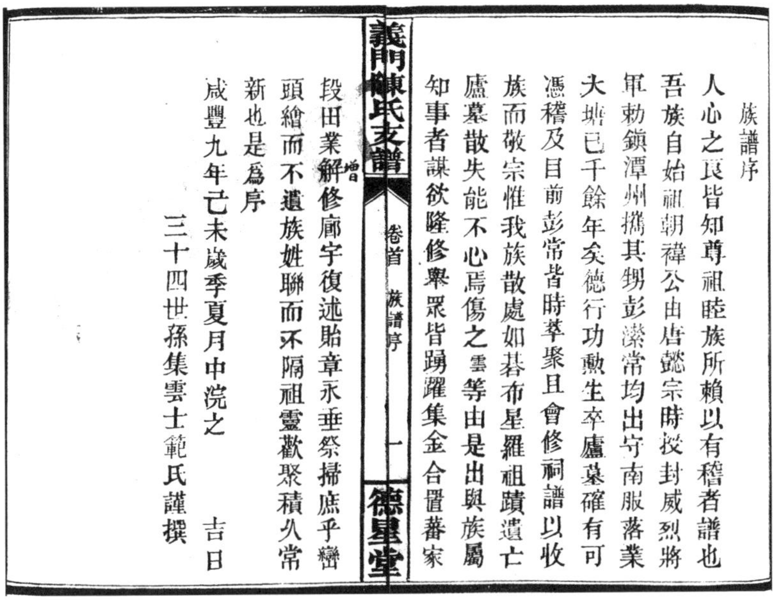
族譜序
人心之良皆知尊祖睦族所賴以有稽者譜也
吾族自始祖朝禕公由唐懿宗時授封威烈將
軍勅鎮潭州攜其甥彭潔常均出守南服落業
大塘已千餘年矣德行功勲生卒廬墓確有可
憑稽及目前彭常皆時萃聚且會修祠譜以收
族而敬宗惟我族散處如碁布星羅祖蹟遺亡
廬墓散失能不心焉傷之雲等由是出與族屬
知事者謀欲隆修舉眾皆踴躍集金合置蕃家
段田業增解修廊宇復述貽章永垂祭掃庶乎巒
頭繪而不遺族姓聯而不隔祖靈歡聚積久常
新也是為序
咸豐九年己未歲季夏月中浣之 吉日
三十四世孫集雲士範氏謹撰

義門陳氏支譜 卷首 族譜序 一 德星堂

民国九年（1920）《义门陈氏支谱》

长沙很早就有陈氏生活，有族谱记载的是陈端公一族。唐僖宗年间，黄巢起义爆发，招讨使陈端征剿有功，敕镇潭州管辖三边，封威烈侯。后唐同光二年（924），陈端年老辞官，携同外甥彭旭湖、常钧及家人，从江西落业长沙雾阳乡，今长沙县福临镇双起村一带，人丁兴旺，成为巨族。

义门陈自唐开化十九年（731）至宋嘉祐七年（1062），累业同居332年，宋仁宗因政治考量下旨分家。人口达3900多口的义门陈，分迁到全国72个州郡，大大小小291庄。宋仁宗赵祯在《题江州义门分庄》诗中有：“江州久著义门庄，庄上分庄岁月长。”并赐有12个字辈：知守宗、希公汝、才思彦、承延继。潭州分来十六庄义门陈，长沙有善化庄和赤岭庄知宁支系。

湘中陈氏星野择居图谱考

湘中陈氏由长兄受均公携妻范氏、次弟均爰公携妻龙氏、三弟均爰公携妻张氏于明朝洪武年间从江西洪州铁树观安福里迁来长沙北乡书堂山。

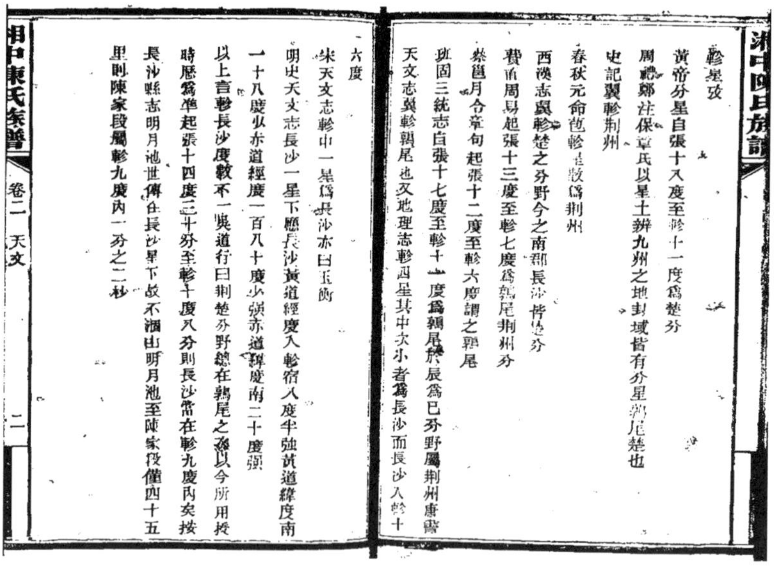
湘中陳氏族譜

軫星攷
黃帝分星自張十八度至軫十一度爲楚分
周禮鄭注保章氏以星土辨九州之地封域皆有分星鶉尾楚也
史記翼軫荆州
春秋元命苞軫散爲荆州
西漢志翼軫楚之分野今之南郡長沙皆楚分
費直周易起張十三度至軫七度爲鶉尾荆州分
蔡邕月令章句起張十二度至軫六度謂之鶉尾
班固三統志自張十七度至軫十一度爲鶉尾於辰爲巳分野屬荆州唐書
天文志翼軫鶉尾也又地理志軫四星其中央小者爲長沙而長沙入軫十
六度
宋天文志軫中一星爲長沙亦曰玉衡
明史天文志長沙一星下應長沙黃道經度入軫宿八度半強黃道緯度南
一十八度少赤道經度一百八十度少強赤道緯度南二十度強
以上言軫長沙度數不一與道行曰荆楚分野總在鶉尾之次以今所用授
時歷爲準起張十四度三十分至軫十度八分則長沙當在軫九度內矣按
長沙縣志明月池世傳在長沙星下故不涸出明月池至陳家段僅四十五
里則陳家段屬軫九度內一分之二秒

湘中陳氏族譜 卷二 天文 二

民国元年（1912）《湘中陈氏族谱》天文考

《湘中陈氏族谱》记载了祖先运用天文堪舆知识测算落

业长沙此处，并绘图表、引经据典解析缘由。通过浑天仪表明天上的长沙星与长沙落业的地方相对应，认为长沙是宜居的地方。

族谱里的图表由十九派后裔焕藻绘制，图表技艺堪称精湛。图表分为天文图、里居图、祠堂图、墓图、丧服总图、九族五服图、五父十三母服制图、礼制图共计五十五幅。其图表都附有考证来由，绘图时的来龙去脉，将其里居地区的山川地貌、树木、水向标注得清清楚楚。这些充实详尽的族谱资料，表达了古人对基业选择天人合一的思想，展现出这个家族深厚的文化积淀。

长沙著名地理学家陈运溶

陈运溶（1858—1918），年仅十八岁考取举人，获授修职郎、江苏补用县丞之职。他淡泊仕途，回到故乡选择寓居长沙赵家坪（今芙蓉区肇嘉坪），受家学影响，热爱地理，将毕生精力倾注于搜寻、辑录刊印《湘城访古录》。该书对长沙古城三千年，起承转合，街头巷尾，都有记录。大至建制沿革、政治风云、军事角逐、名流过往；小至每座寺院园亭，甚至每条街巷，旁搜群籍，博采名家，引用各种旧籍达 400 余种。《湘城访古录》首次列出长沙城的街巷图表，把当时长沙 8 座主要城门内的正街、正街两侧的横街标划得清清楚楚，勾画出整个长沙城的街巷格局和走向，并对每条街巷的历史、掌故和街名来历都加以说明。

《湘城访古录》补府县志遗漏和不足，纠明清地方志之讹误。例如明嘉靖以来，长沙府县志书没有说到六朝时的“湘西县”就是长沙。陈运溶在《湘城访古录》里记载了“湘西县”是六朝时期长沙的县名。现在我们在翻阅长沙族谱时，看到封面是《湘西许氏四修族谱》《湘西侯氏族谱》，便知是长沙的族谱。

陈氏家学有传承，陈运溶的玄孙陈先枢教授继承家学，几十年如一日收藏乡邦文献，致力于长沙文化研究，撰写出版《长沙经贸史记》《历史街巷寻踪》《诗话长沙》《访古湖湘集》等。

德国建筑师镜头里的陈氏祠堂

清朝末年，长沙、岳阳开埠通商，金发碧眼的异国人士纷至沓来。他们用照相机为古城长沙留下了诸多珍贵的历史画面与文献资料。

德国建筑师柏石曼于清光绪三十二年（1906）至清宣统元年（1909）间用照相机镜头聚焦长沙，为我们留下了雕梁画栋的长沙戥子桥陈氏祠堂影像。他赞誉道：“背景显赫的陈家，在长沙城中拥有一座最为瑰丽的祖宗祠堂。”此陈氏祠堂由长沙七里营陈氏于清光绪二年（1876）兴建。这支陈氏族人分布于长沙西乡，岳阳湘阴、临湘等地，至 1948 年，家族男女丁口共计 2750 人。

20 世纪初，谭延闿在湖南兴起办学扫盲运动，戥子桥陈氏祠堂由陈氏族人出资办至善小学，接受本支系的孩童和附近人家子弟读书。近代史上，湖南人爱读书出名，长沙城内从事整伞、拖车、抬轿等工作的人，他们竟能读书看报。创办雅礼学校的胡美、美国驻长领事詹森等外国人对当时长沙人的受教育程度赞叹不已。

戥子桥陈氏祠堂（摄影柏石曼）

长沙陈氏支系

长沙檀山陈氏：一世端公。二十三世得甫公，字山纪，元明年间人，开檀山支。明万历二十二年（1594）修族谱，清乾隆十四年（1749）、清道光十年（1830）、清同治七年（1868）、清光绪二十九年（1903）、1937 年续修。该族名人：陈时中，明末人，曾于长沙创办环中书院。派次（自三十七世始）：敦本乃守正，文学定光宗。多士天增锡，世泽复兴逢。

浏阳沙溪陈氏：始迁祖和叟公，后唐同光二年（924）自江西九江德化迁浏，世居南乡沙溪里。清道光二十一年（1841）、清同治八年（1869）、清光绪十六年（1890）、1939年纂修族谱。派行：嘉兴茂盛，永远蕃昌。绍闻典训，立纪维纲。学思向道，爱敬敦常。人才焕发，祖烈昭彰。义声克振，德惠宣扬。载之国志，万世传芳。

宁乡陈家河陈氏：始祖昌建公，五代后唐同光年间自江西泰和县迁楚南宁乡珊瑚冲。传十一世至乾六。乾六避宋末之乱再徙粤西桂平县，其十六世孙先荣于明朝复归籍宁乡沩水之滨陈家河，堂号光裕。1943年五修支谱，2004年六修。

长沙彭氏

彭氏源流

彭祖篯铿为传说中上古彭国始祖，因擅长养生之道，被民间奉为寿星，据传彭祖活了八百岁。在他所处的那个时代，先贤们都忙着逐鹿中原，而他主打养生、研究美食，被后人们推崇备至。

长沙彭姓历史悠久。唐僖宗年间，黄巢起义爆发，彭旭湖（848—929）随舅舅招讨使陈端征剿有功，敕镇潭州管辖三边，选择在长沙安家立业。彭旭湖携6个儿子，在青山大田铺（今金井镇）安家。舅舅陈端在大塘（今福临镇双起村一带）安家，甥孙常钧在大贤（今北山镇）安家。彭、陈、常繁衍成长沙的千年大族。明朝初年“江西填湖广”，又有大批彭氏迁入长望浏宁。

望城推子山彭氏

据1925年信述堂推子山《彭氏五修族谱》记载，开基祖彭寿公，字应贵，元代官授武职，与许氏夫人于明洪武二年（1369）从酃邑今炎陵县第四都铜口湾徙居善化县坪山村西冲湾。因其后裔主要居住在岳麓山、谷山附近，故又称麓谷彭氏。寿公长子燮子分屯民籍居坪山，次子燧子分屯民籍居大冲。大冲附近有一矮山，圆圆的形状，西面一条小山脊，整个形状如同带有把手的石磨，因此百姓称其为推子山。寿公夫妇均葬推子山，后裔在清嘉庆七年（1802）建推子山彭氏家庙，故此也称推子山彭氏。推子山彭氏经过几百年的繁衍生息，主要聚居在望城区雷锋镇、东方红镇、黄金镇、雨厂坪镇、莲花镇，长沙市区等地。

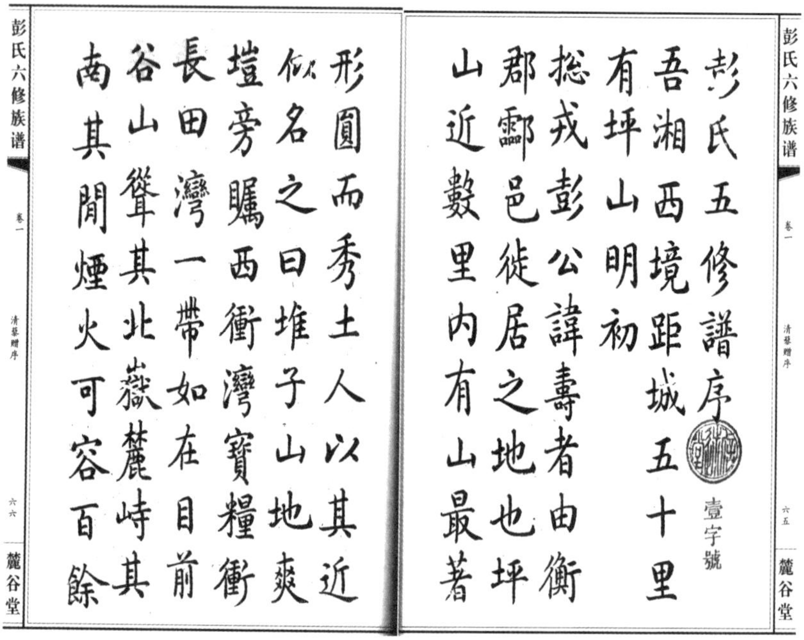
彭氏六修族譜 卷一 六五 麓谷堂
彭氏五修譜序
吾湘西境距城五十里
有坪山明初
摠戎彭公諱壽者由衡
郡酃邑徙居之地也坪
山近數里内有山最著
壹字號
彭氏六修族譜 卷一 六六 麓谷堂
形圓而秀土人以其近
似名之曰堆子山地爽
塏旁矚西衡灣寶糧衝
長田灣一帶如在目前
谷山聳其北嶽麓峙其
南其間煙火可容百餘

2013 年长沙推子山《彭氏六修族谱》

第六世开出八大房：广、敬、能、达、远、斌、源、全。字辈：寿考肇祥，厥志丕彰。人才蔚超，望重南湘。国之上瑞，家运维光，元本忠孝、世绪孔长。承先启后，振纪立纲。修齐治平，树德扬芳。式诒有谷，继述永臧。积善笃庆，福禄尔康。

湖南师范大学彭定国老师是推子山彭氏能房“光”字辈

第二十四世孙，她与父亲历经17年完成长沙推子山六修族谱。她通过编撰推子山彭氏族谱，继而关心长沙彭氏，湖南彭氏，全国彭氏，与丈夫杨布生联合撰写出版《中华彭姓通志》。该书梳理了彭氏的源流、迁徙、分布、繁衍、分支演变，具有史料价值。

2006年《中华彭姓通志》

长沙青山彭氏支系

后唐同光年间来长沙的老祖彭旭湖繁衍的青山彭氏，一千多年来，有修谱的传统。青山彭氏迁甘肃的后裔担任过兵部尚书的彭泽，回长沙主修的明正德七年（1512）《长沙青山彭氏宗谱》被湖南图书馆收藏，是湖南图书馆收藏的唯一的明朝族谱。

民国九年（1920），江西省彭氏谱局特意携通谱草稿，往长沙县请青山彭氏核定。长沙东乡高仓铜塘彭氏族校校长彭述先生以乾隆年间彭家屏编纂的《青山彭氏统纪谱》为准，参考经史子集及各地彭氏族谱，历经8个寒暑，批阅江西通谱。这部民国彭氏通谱成为各地修谱的典范。

据统计，青山彭氏人丁兴旺，有147支分布在各地。长沙五里牌彭氏、坳上彭氏、楂塘彭氏、马桥坝彭氏、张家湾彭氏、皂角树彭氏，望城官山彭氏，宁乡双市彭氏都属于青山彭氏的分支。1947年，三十五世裔孙靓圭公编修《青山彭氏增修征信谱》时，续自三十一世统一字辈：正本清源，锡福延庆。景运隆开，瑞毓兆盛。维孝作忠，邦家式用。尚克绍先，英贤益振。仁兼赅，德功并重。述古怀宗，经传弦颂。教澶冰渊，道包性命。瞻仰鸿基。

长沙张氏

张氏源流

相传黄帝玄孙挥，因发明古代重要武器弓矢，被黄帝封为弓正，职掌弓矢制造。后又取弓长之意，赐姓张。

东汉太守张仲景首开长沙“坐堂问诊”，救治苍生。

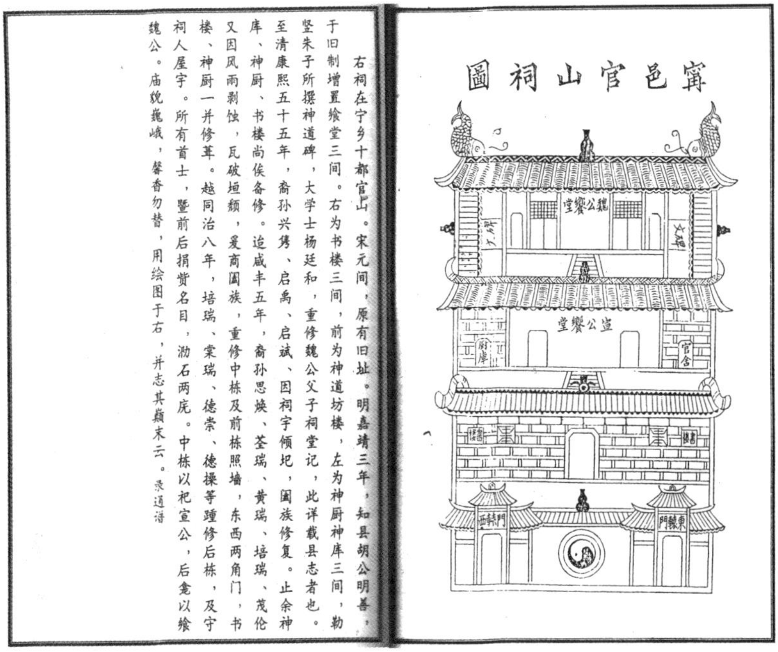
右祠在宁乡十都官山。宋元间，原有旧址。明嘉靖三年，知县胡公明善，于旧制增置飨堂三间。右为书楼三间，前为神道坊楼，左为神厨神库三间，勒竖朱子所撰神道碑，大学士杨廷和，重修魏公父子祠堂记，此详载县志者也。至清康熙五十五年，裔孙兴隽、启禹、启斌、因祠宇倾圮，阖族修复。止余神库、神厨、书楼尚俟备修。迨咸丰五年，裔孙思焕、荃瑞、黄瑞、培瑞、茂伦又因风雨剥蚀，瓦破垣颓，爰商阖族，重修中栋及前栋照墙，东西两角门，书楼、神厨一并修葺。越同治八年，培瑞、棠瑞、德崇、德操等踵修后栋，及守祠人屋宇。所有首士，暨前后捐赀名目，泐石两庑。中栋以祀宣公，后龛以飨魏公。庙貌巍峨，馨香勿替，用绘图于右，并志其巅末云。录通谱

1999 年宁乡《张氏支谱》

唐朝时期长沙有“渡头”张氏。“渡头”是长沙老地名，在杜甫的《清明》诗中出现过——“渡头翠柳艳明眉，争道朱蹄骄啮膝”。渡头张氏后迁怀化会同。

南宋绍兴三十一年（1161），抗金名相张浚被贬潭州通判，

他和儿子张栻葬在宁乡巷子口镇官山村，后裔生活在长沙各地。

张仲景长沙“坐堂问诊”

东汉末年，张仲景赴任长沙太守。当时，长沙瘟疫流行，不断有人在疫病中死去，田地无人耕种。张仲景将《安民告示》盖上太守大印，张贴在长沙各大街小巷：长沙郡衙，月逢初一、十五，不分贵贱，太守张仲景亲自坐堂，免费诊治。消息很快传遍长沙十里八乡，初一、十五太守“坐堂问诊”，老百姓蜂拥而至。张仲景坐在长沙衙门大堂上，对症下药“桂枝汤”。“桂枝汤”是张仲景对抗瘟疫简单有效的方子。预防瘟疫喝“葛根汤”。他在浏阳、宁乡、湘阴采葛根，熬成“葛根汤”，预防病毒性感冒。

张仲景将坐堂问诊的病例、诊断方法、治疗药方和诊疗心得，写成医学巨著《伤寒杂病论》。

张栻家族成为长沙的世家

四川绵竹张浚是抗金名相，被贬潭州，和儿子张栻落业长沙。岳麓书院“朱张会讲”，湘江重要历史遗迹“朱张渡”，都是张栻家族在长沙的文化标识。

据族谱记载，张栻长子张焯，守先人墓庐，定居宁乡龙塘。张栻曾孙张镗，响应文天祥的号召，招募义兵数千人抗元被俘拒降。镗怒骂：“绍兴至今百五十年，乃我祖魏公收拾撑拓者。

今日降而死，何以见魏公于地下？”

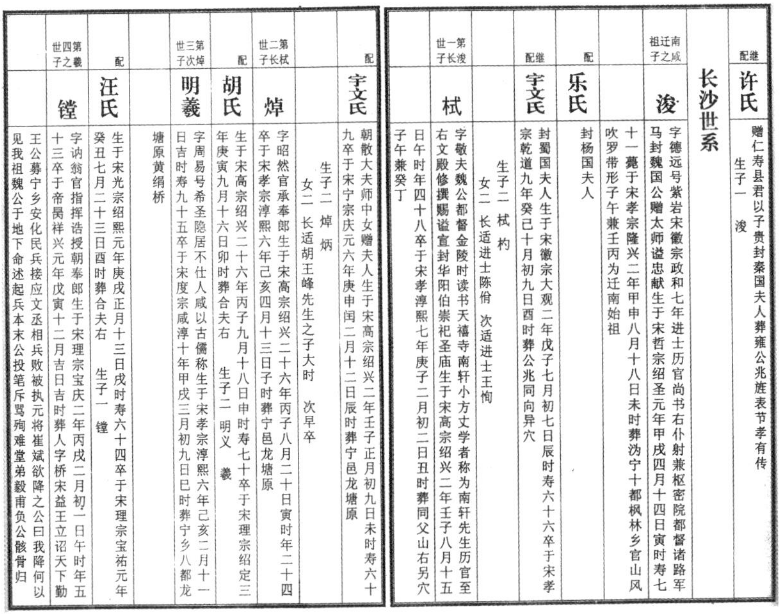

继配 许氏 赠仁寿县君以子贵封秦国夫人葬雍公兆旌表节孝有传
生子一 浚

长沙世系

南迁祖 咸之子 浚 字德远号紫岩宋徽宗政和七年进士历官尚书右仆射兼枢密院都督诸路军马封魏国公赠太师谥忠献生于宋哲宗绍圣元年甲戌四月十四日寅时寿七十一薨于宋孝宗隆兴二年甲申八月十八日未时葬沩宁十都枫林乡官山风吹罗带形子午兼壬丙为迁南始祖

配 乐氏 封杨国夫人

继配 宇文氏 封蜀国夫人生于宋徽宗大观二年戊子七月初七日辰时寿六十六卒于宋孝宗乾道九年癸巳十月初九日酉时葬公兆同向异穴
生子二 栻 杓
女二 长适进士陈偁 次适进士王恂

第一世 浚长子 栻 字敬夫魏公都督金陵时读书天禧寺南轩小方丈学者称为南轩先生历官至右文殿修撰赐谥宣封华阳伯祟祀圣庙生于宋高宗绍兴二年壬子八月十五日午时年四十八卒于宋孝宗淳熙七年庚子二月初二日丑时葬同父山右另穴子午兼癸丁

配 宇文氏 朝散大夫师中女赠夫人生于宋高宗绍兴二年壬子正月初九日未时寿六十九卒于宋宁宗庆元六年庚申闰二月十二日辰时葬宁邑龙塘原
生子二 焯 炳
女二 长适胡王峰先生之子大时 次早卒

第二世 栻长子 焯 字昭然官承奉郎生于宋高宗绍兴二十六年丙子八月二十日寅时年二十四卒于宋孝宗淳熙六年己亥四月十三日子时葬宁邑龙塘原

配 胡氏 生于宋高宗绍兴二十六年丙子九月十八日申时寿七十卒于宋理宗绍定三年庚寅九月十六日卯时葬合夫右 生子二 明义 羲

第三世 焯次子 明羲 字周易号希圣隐居不仕人咸以古儒称生于宋孝宗淳熙六年己亥二月十一日吉时寿九十五卒于宋度宗咸淳十年甲戌三月初九日巳时葬宁乡八都龙塘原黄绢桥

配 汪氏 生于宋光宗绍熙元年庚戌正月十三日戌时寿六十四卒于宋理宗宝祐元年癸丑七月二十三日酉时葬合夫右 生子一 镗

第四世 羲之子 镗 字讷翁官指挥诰授朝奉郎生于宋理宗宝庆二年丙戌二月初一日午时年五十三卒于帝昺祥兴元年戊寅十二月吉日吉时葬人字桥宋益王立诏天下勤王公募宁乡安化民兵接应文丞相兵败被执元将崔斌欲降之公曰我降何以见我祖魏公于地下命述起兵本末公投笔斥骂殉难堂弟毅甫负公骸骨归

1999 年宁乡《张氏支谱》世系图

张镗遇害，堂弟张铿负其骸骨归葬宁乡县南人字桥。镗子惟孝，字行先，守庐墓三年，隐居学道，不仕元室，俗称张三千郎。根据宁乡张栻第八代万景公迁安化一房 1999 年七修族谱统计，迁安化、益阳、湘潭、善化、汉寿、辰溪、沅陵等地的张氏有 14886 人入谱，男丁 7833，女丁 7053。通谱公派（自二十三派始）：德茂光先祖，良贻在克家。殷勤敦实务，谦厚发菁华。绂冕芬徽읍，圭璋品诣嘉。席珍留待聘，掞藻灿云霞。

长沙渡头张氏

长沙渡头张氏始迁祖益贞公，安史之乱时从山西运城盐湖边鸣珂里村迁来，带来了山西的酿酒技术。益贞公过世后葬在长沙渡头，后人在宋朝躲避金兵，数年后又徙居会同伏龙乡蓝田村定居下来。张氏后人继承了酿酒技术，远近闻名。改革开放后，张氏后人又回长沙渡头，挂上酒幡，经营鸣珂里“张葛老”美酒。1992 年七修谱由第三十七世张崇华督修。2018 年通谱。字辈：嘉国朝子，宽益启世。运资古正，俊汉祥道。文永子应，张奉琴富。运资古正，汉自今传。再必宗光，愈久隆昌。在廷显相，荣耀满邦。克振前绪，甲第联芳。

浏阳荆坪张氏

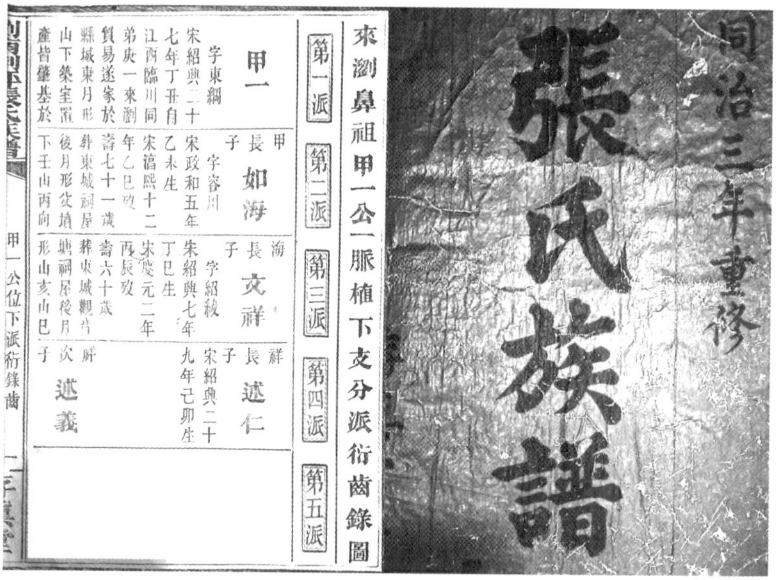

清同治三年（1864）浏阳《浏南荆坪张氏族谱》

浏南荆坪张氏始迁祖甲一公，字东纲。族谱记载其于“宋绍兴二十七年（1157）从江西临川同弟庚一（字西肃）来浏贸易”，时年 61 岁，“遂家于县治东城外月形山下，筑室置产，皆肇基于此”。繁衍至明朝初年十一世张佐公，“公以武功随太祖定边，于永乐十一年守贵州平坝，留子继飞承袭”。至二十世家族已分八大房，生子 27 人，子又生孙 88 人，再及曾孙 226 人，繁衍生息。

荆坪张氏建有十余处规模宏大的宗祠，现保存道光年间所建宗祠三座，已成为浏阳市文物局挂牌保护单位。目前甲一公后裔已逾万人，主要集中分布在浏阳市澄潭江镇荆坪村、大圣村，大瑶镇、高坪镇、张坊镇、大围山镇。

浏南荆坪张氏家族完整保留历代续修族谱，传承脉络清晰，初修族谱由明朝末年十七派世荣公撰辑成册，十八派金麒公再修之，清乾隆二十八年（1763）二十一派天祚公三修族谱，清嘉庆二年（1797）人桧公纠族商议四修族谱，清同治三年（1864）为松公五修四卷族谱，1995 年宜钰公组织族人六修族谱共 30 卷，如今民希族长正在筹备组织七修族谱。三修族谱制订字辈为：金玉朝天，人为中立、辅政宜民（景承国运）、端本善则（廷尚纯和）。1995 年六修族谱续订字辈为：宏志光华、建业垂远、孝友传家、祖德衍庆。

长沙张氏支系

长沙赤山张氏：始祖宋时汝明公，字祖舜，世居江西庐陵，后徙南昌府丰城县。始迁祖宗可公，字世亲，因元末兵乱而偕弟宗道率子侄避居长沙柘冲，宗道公于明洪武初年徙居浏阳。宗可公就近欧塘冲、师姑源、石塘等处置业遂世为长沙人。至三派祖荣政公，爱赤山山水之胜而卜居于此。该族科甲昌盛，进士即有七人，尤以十九世张百熙最著。百熙字冶秋，清同治十三年（1874）进士，曾任山东、广东学政，迁内阁学士、礼部侍郎、左都御史，工部、礼部、吏部、户部、邮传部尚书，派充管学大臣等。明万历十二年（1584）始修族谱，1915 年七修。派序（自二十一世起）：孝友之德，克绍乃先。声振国家，光汝学业。

宁乡粟溪张氏：开派祖万枢公，字子长，元末人。支祖十二派作德公，字林宇，明崇祯年间自江西迁居宁乡粟溪。清道光五年（1825）、清同治元年（1862）、清光绪二十五年（1899）、1926 年、2020 年五修支谱。字派：万仲碧文廉，云锦深宇盈。士作大式名，忠孝立帝廷。应国纹明运，传家绍述荣。贻芳由旧泽，济世启新型。

长沙何氏

何氏源流

何氏源自韩姓，得姓始祖何瑊，原名韩瑊，韩国贵族。秦国灭韩国，韩瑊与其妻流寓庐江，渡船为业，改韩姓为何姓。

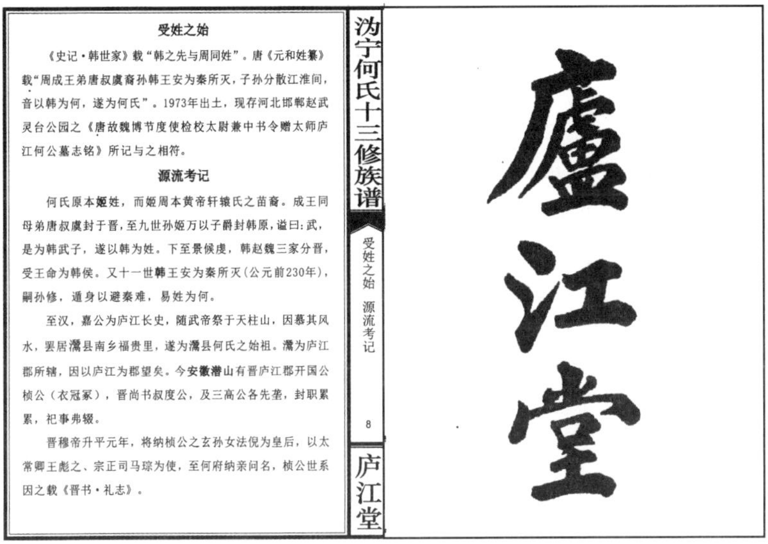

受姓之始

《史记·韩世家》载“韩之先与周同姓”。唐《元和姓纂》载“周成王弟唐叔虞裔孙韩王安为秦所灭，子孙分散江淮间，音以韩为何，遂为何氏”。1973年出土，现存河北邯郸赵武灵台公园之《唐故魏博节度使检校太尉兼中书令赠太师庐江何公墓志铭》所记与之相符。

源流考记

何氏原本姬姓，而姬周本黄帝轩辕氏之苗裔。成王同母弟唐叔虞封于晋，至九世孙姬万以子爵封韩原，谥曰：武，是为韩武子，遂以韩为姓。下至景候虔，韩赵魏三家分晋，受王命为韩侯。又十一世韩王安为秦所灭（公元前230年），嗣孙修，遁身以避秦难，易姓为何。

至汉，嘉公为庐江长史，随武帝祭于天柱山，因慕其风水，罢居灊县南乡福贵里，遂为灊县何氏之始祖。灊为庐江郡所辖，因以庐江为郡望矣。今安徽潜山有晋庐江郡开国公桢公（衣冠冢），晋尚书叔度公，及三高公各先茔，封职累累，祀事弗辍。

晋穆帝升平元年，将纳桢公之玄孙女法倪为皇后，以太常卿王彪之、宗正司马琮为使，至何府纳亲问名，桢公世系因之载《晋书·礼志》。

2015 年《沩宁何氏十三修族谱》

北宋熙宁五年（1072）尚一公，入荆湖南路节制江南，平定梅山。元末明初，又有何氏从福建、江西、湖北等地迁入长沙。

沩宁造钟何氏英烈传

宁乡造钟何氏始祖尚一公（又称太乙公、太一公），由豫章徙楚南，历星沙，寓邵邑。数传至德明公（又称念祖），由上梅转徙沩宁造钟。德明公生仁、义二子。仁公生七子——鸾、凤、麒、麟、玺、祥、辅，义公生四子——道、义、玑、浚，共十一房，散居于黄材、造钟各地。

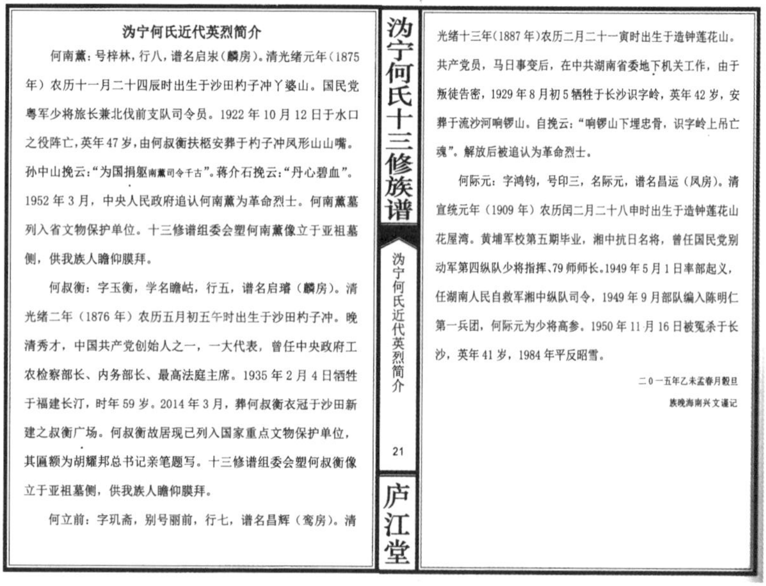

沩宁何氏十三修族谱

沩宁何氏近代英烈简介

何南薰：号梓林，行八，谱名启宋（麟房）。清光绪元年（1875年）农历十一月二十四辰时出生于沙田杓子冲丫婆山。国民党粤军少将旅长兼北伐前支队司令员。1922年10月12日于水口之役阵亡，英年47岁，由何叔衡扶柩安葬于杓子冲凤形山山嘴。孙中山挽云：“为国捐躯南薰司令千古”。蒋介石挽云：“丹心碧血”。1952年3月，中央人民政府追认何南薰为革命烈士。何南薰墓列入省文物保护单位。十三修谱组委会塑何南薰像立于亚祖墓侧，供我族人瞻仰膜拜。

何叔衡：字玉衡，学名瞻岵，行五，谱名启璿（麟房）。清光绪二年（1876年）农历五月初五午时出生于沙田杓子冲。晚清秀才，中国共产党创始人之一，一大代表，曾任中央政府工农检察部长、内务部长、最高法庭主席。1935年2月4日牺牲于福建长汀，时年59岁。2014年3月，葬何叔衡衣冠于沙田新建之叔衡广场。何叔衡故居现已列入国家重点文物保护单位，其匾额为胡耀邦总书记亲笔题写。十三修谱组委会塑何叔衡像立于亚祖墓侧，供我族人瞻仰膜拜。

何立前：字玑斋，别号丽前，行七，谱名昌辉（鸾房）。清

沩宁何氏近代英烈简介

21

庐江堂

光绪十三年（1887年）农历二月二十一寅时出生于造钟莲花山。共产党员，马日事变后，在中共湖南省委地下机关工作，由于叛徒告密，1929年8月初5牺牲于长沙识字岭，英年42岁，安葬于流沙河响锣山。自挽云：“响锣山下埋忠骨，识字岭上吊亡魂”。解放后被追认为革命烈士。

何际元：字鸿钧，号印三，名际元，谱名昌运（凤房）。清宣统元年（1909年）农历闰二月二十八申时出生于造钟莲花山花屋湾。黄埔军校第五期毕业，湘中抗日名将，曾任国民党别动军第四纵队少将指挥、79师师长。1949年5月1日率部起义，任湖南人民自救军湘中纵队司令，1949年9月部队编入陈明仁第一兵团，何际元为少将高参。1950年11月16日被冤杀于长沙，英年41岁，1984年平反昭雪。

二〇一五年乙未孟春月榖旦

族晚海南兴文谨记

2015年《沩宁何氏十三修族谱》英烈传

清乾隆年间何氏建宗祠于造钟。1921年十一房合修族谱，称十修，主修何叔衡。1949年十一修，1991年十二修，2015年十三修。族人分布于大沩、造钟、黄材、石笋、沙田、麻山、洋泉等处。派语：有贤承启佑，昌盛在培。继志增家瑞，光逢景运开。

沩宁造钟何氏在近代涌现一批英烈：何南熏（麟房）、何叔衡（麟房）、何立前（鸾房）、何际元（凤房）。

何南薰，号梓林，行八，谱名启宋。清光绪元年（1875）出生于沙田杓子冲丫婆山。读了六年私塾，曾设蒙馆课童，

自学中医。何南熏于1911年加入同盟会，曾任孙中山的卫队长，无私支持1100块光洋给毛泽东等创办长沙望麓园织布厂，从事革命活动。1922年陈炯明叛变革命，何南熏在征讨陈炯明的战斗中不幸壮烈牺牲。何叔衡闻讯悲痛欲绝，与谢觉哉、姜孟周、王凌波等在家乡组织了隆重的追悼会。孙中山亲笔题写“为国捐躯，南薰司令千古”。1952年，何南熏被追认为革命烈士。何南熏墓现为湖南省文物保护单位。

何叔衡（1876—1938），字玉衡，学名瞻岵，行五。宁乡沙田杓子冲人，5岁丧母，父亲绍春公省吃俭用断断续续送他读了八年私塾。1902年遵父命应试中秀才，因不愿与贪官污吏为伍，拒绝县衙担任钱粮吏员的任命，甘愿回乡教书当“穷秀才”。

1921年7月，毛泽东与何叔衡出席在上海召开的中国共产党第一次全国代表大会。1927年“马日事变”后，何叔衡去上海坚持秘密斗争。1928年赴苏联莫斯科出席中共六大并进入莫斯科中山大学学习。1931年进江西瑞金苏区，任中央政府临时最高法庭主席等职务。1934年10月，何叔衡留守中央革命根据地坚持游击战争。1935年2月，在福建长汀突围战中英勇牺牲，时年59岁。

长沙何氏支系

长沙黄龙山何氏：始祖覲墀公，字益朝，原居安徽凤阳府定远县凤庭乡十三都何家桥。长子光前，册名兴，字裕昆，行一，明洪武初年官至湖广长沙卫，授指挥佥事，卒葬湖南省城南门外，子孙十代均袭其职。光元公，册名必然，字今成，行二，明初自安徽官湖广长沙卫而迁居善化二十都。1940 年四修族谱。派语：光道玉圣昭，廷家声忠楚。祖德联芳远，嗣昌世锡洪。荣华承泽荫，敦厚起英雄。本立文章焕，名传孝友同。经邦逢盛治，干国裕熙雍。万代征纯美，绵延福禄崇。

浏阳高坪竹山何氏：太乙郎公，名旦，祖居安徽，后唐天成元年（926）定居福建宁化石壁村，生十位福郎。后裔添瑾、添杰、添运、添益、添受、仕清、仕运、奇珍、淇彰，于清康熙时自福建武平县迁浏，建宗祠于浏东高坪竹山。2019 年六修族谱，清房派行：添子芳名万，世传百代昌。心怀宗本远，裕后永杰尝。奇珍房派行：遇子仕宗杨，辉腾奕世昌。忠良安景泰，永发玉林芳。仕运房派行：永远增贤秀，盛典显荣昌。

长沙朱氏

朱氏源流

周王室封曹挟于邾国，建都于邾。楚国灭邾国，邾国的贵族四处逃散，遂以国为姓，后去掉耳旁，改姓朱。

民国三十四年（1945）《黄金园朱氏六修支谱》

宋朝大儒朱熹与长沙很有缘分，两次来长沙。37 岁时，他到长沙会张栻，在岳麓书院讲学。65 岁时，朝廷任命他为荆湖南路安抚使兼知潭州。

明朝，朱元璋对子孙实行藩王制，吉王和岷王在长沙留下了后裔。

朱熹两次在长沙

南宋乾道三年（1167），37岁的理学大师朱熹从福建崇安专程来潭州造访张栻，在长沙待了50多天，岳麓书院著名的“朱张会讲”由此展开。“会讲”的自由讲学体现了书院“百家争鸣”的特色。长沙岳麓书院与城南书院仅一江之隔，朱张二人经常同舟往返于湘江，长沙河东六铺街湘江边著名的“朱张渡”由此得名。

南宋绍熙五年（1194），65岁的朱熹出任荆湖南路安抚使兼知潭州。此次来到湖湘，他振兴岳麓书院。据《朱子门人》所列门弟子名录，湘籍弟子传承师道办书院，如湘潭钟震在家乡建主一书院，醴陵黎贵臣在金龟山下创昭文书院，宁远刘子澄办九嶷山书院，平江吴雄建阳坪书院等。

朱熹在长沙期间，得知婺源茶院福国公后人卜居衡山，便派儿子朱埜去寻访。衡山族人朱若水（朱清）到长沙与朱熹相会，听从他的劝说，于南宋庆元元年（1195），举家从衡山迁到长沙，购宅驿步门（即今太平街附近的大西门）安家。

清乾隆年间，朱若水后人在黄金园建立祠堂称黄金园朱氏，即现在的望城区黄金园街道黄金园村。族谱记载，朱若水的后辈很多都在岳麓书院读书。黄金园朱氏明正德年间初修族谱，2024年清明节，黄金园朱氏在浏阳祭祖，举行七修族谱的启动仪式。字派：紫阳彰道范（家声孝友堂），南楚继书香。蔚起人材盛，宏开甲第长。端详循礼法，和顺笃伦常。

诚正遵彝教，相期积善昌。

明朝吉王后裔在长沙

明成化十三年（1477），明英宗朱祁镇第七子，22岁的朱见浚就藩长沙，是为明朝第一代吉王。

明崇祯十六年（1643），张献忠大西军攻克长沙，雄伟的吉王府转瞬间灰飞烟灭。第八代吉王朱慈煃在宁乡与张献忠作战战死。宁乡进士周堪赓把吉王10岁的儿子朱懋送到宁乡大屯云乡下外婆周家，改朱姓为周姓，隐姓埋名，保存了吉王一脉。

清朝末年，朱懋第八代孙周达武（1827—1894），随左宗棠收复新疆，勇敢善战，屡立奇功，升任甘肃提督，驻守甘肃张掖达16年之久，官拜尚书。周达武的第五子周家纯（后改名朱剑凡），四修家谱上的谱名为周家澂，早年留学日本，回国后创办了长沙周南女校，培养了大批优秀的女性杰出人才，如向警予、蔡畅、陶毅、熊季光、帅孟奇、劳君展、丁玲、黄慕兰、杨开慧等。

岷王后裔曾是长沙首富

朱元璋立皇十八子楩为岷王。岷王第八世孙朱小鲁由宝庆迁徙长沙落业，称棠坡多福堂朱氏。第十五世孙朱昌琳（1822—1912），字雨田，经营米、盐、茶生意，成为长沙首富，功授候补道，赠内阁学士。

清同治三年（1864），曾国藩为解决湘军财政困难，奏准改革两淮票盐制度，招商领盐票，每引课银三两五钱。当时很多商人观望不前，朱昌琳独见先机，马上购入百票，并创设“乾顺泰盐号”，在沅湘一带口岸设置专岸专营票盐。一时淮扬至湖湘水面，盐船络绎，首尾相接，多为乾顺泰字号。

清同治十年（1874），陕甘总督左宗棠为解决经略西北、收复新疆的经费，奏准改革陕甘茶政，以票代引，招商给票，贩运茶叶，并设立“南柜”。朱昌琳组织湖南茶商源源不断把安化黑茶远销国内外。左宗棠用茶票银子给部队装配先进武器，发放军饷。

1912年11月27日，朱昌琳病卒于家，终年90岁，安葬于长沙县纯化都五甲（今长沙县安沙镇）杜家塘。朱昌琳的弟弟朱昌藩生有3个儿子，小儿子朱访绪是曾担任中华人民共和国国务院总理的朱镕基的祖父。

长沙朱氏支系

望城茶亭朱家冲支系：明正德年间，理学大儒朱熹之裔朱奇，自湘阴牛坎塅迁望城区茶亭镇朱家冲今谭家园村，开枝散叶。朱氏在开埠之初，悉心规划新家园，于船形山依次设上、中、下三屋场。开掘土地塘、菱角塘、面前塘、上塘、下塘以作浣洗之便。又沿四周设何家湾、棘楂岭、上山塘、红泥岭、棉花坡、中基岭、王婆塘及船形山右胁之野鸡园坟山。于红泥岭下开掘上山塘，沿溪筑就樟树坝、杨柳坝、龙王坝以利灌溉。沿驿道设朱家铺街衢以商贸，其余辟为耕地。朱氏先人宜居环境的科学布局，一直沿用到今天。清乾隆年间一修族谱，2022年朱雄辉主编六修族谱。字辈保持与湘阴一致：守国景友，子单玉廷。正应之天，永庆能良。光宗逢泰运，继祖启昌文。木培枝必茂，千亿大芳声。

浏阳淳口段朱氏：始祖熹公之次子埜，埜其孙某为乌程令，徙杭州。其子槐再徙湖州。槐生炀，元初迁长沙南城，继迁浏北。炀之子秀，生五子，第四子华四之裔世居淳口段，衍为五大支，散处四乡及长沙、善化、平江、萍乡等地。字派：朝惟广孟尚，绍世载兴文。时逢宜立志，运际树奇勋。正学源延远，材良枝益芳。太平昭盛世，庆会步青云。

宁乡界田朱氏：始迁祖嘉甫公，字美元，明洪武年间自江西庐陵莪田迁居宁乡界田冲，派衍懋、让两房。清乾隆年间建宗祠于朱家湾。清咸丰六年（1856）始修族谱，清光绪九年（1883）续修，1916年三修，1948年四修。续派（自十六派始）：道德传家永，经纶辅世昌。诒谋昭祖泽，念典继书香。

长沙谢氏

谢氏源流

申伯后裔封地谢邑（今河南南阳），被楚国所灭，后人遂以国为姓。谢氏尊申伯为始祖。

南宋淳祐元年（1241）谢氏由平江鲇石迁浏北路口谢家段。元朝宇春公徙居宁乡唐市，编为民籍的鳌山谢氏。明洪武初年迁楚之星沙郁公后裔居长沙、天井塅、道林桥、下八石、尖珈山，裕公后裔居乌山、谢家山、谢家洲等地。

长沙白泉谢氏

白泉谢氏始祖：夷吾公，字尧卿。历三十四世至蕙公，字克振，号能轩，为义历始迁祖。四十六世海公，字文渊，号中兴，明成化进士，授惠州通判，初由安仁徙湘潭佛祖桥，再徙善化河西鹅州白水围之白泉。

世海公其子朝相，字国佐，生有六子：宪、用、松、柏、杰、鉴。清嘉庆年间建宗祠于白泉，族谱始修于清嘉庆元年(1796)，清咸丰元年（1851）续修，清光绪十六年（1890）三修，1935年四修。至1948年，共3864人。字派(自五十三世起)：庭述万年，肇基心田。力修先绪，载锡其贤。英华俊秀，孝友忠廉。德业久大，体用一原。羽仪家国，麟凤腾绵。

长沙《白泉谢氏四修家谱》统计表将各支、各房人丁

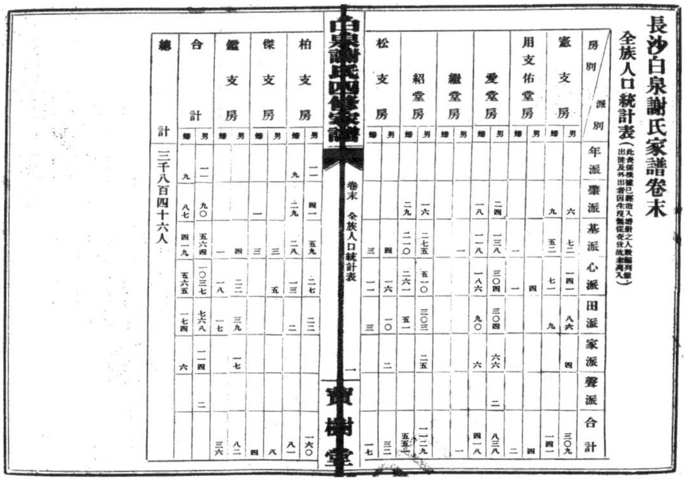
長沙白泉謝氏家譜卷末
全族人口統計表

民国二十四年（1935）长沙《白泉谢氏四修家谱》全族人口统计表

进行详细统计，从中我们能清晰看到由世海公一人至一族的人口增长变化。

宁乡沙田谢氏与谢觉哉的家书

沙田谢氏始祖应甫公，字坤斋，世居金陵，宋时以进士为州观察。传至德藩公家吴江，越五传至受宇公徙长沙城北，又一传至会友公徙居宁乡城西。会友公之子怀平于明时徙居沙田。派语（自十五世起）：定安文国学，朝世代英。述承先泽远，洪业永昌。德懋崇贤哲，才高淑鉴衡。心愿忠厚广，品本进修成。诗书遵前训，湖湘建美名。长祥隆作育，道义振家声。

谢觉哉（1884—1971），字焕南，别号觉哉，20岁应试，中秀才，担任乡间私塾先生。1911年，考入湖南商业师范讲习所，毕业后在宁乡云山高等小学堂任教。1920年，何叔衡邀请他到长沙主编报纸。在长沙他结识了毛泽东、夏曦、郭亮、李维汉等，加入新民学会。1925 年，经何叔衡介绍入党，后参加长征成为“延安五老”之一。中华人民共和国成立后，曾任内务部长、最高人民法院院长、全国政协副主席等职务，是人民司法制度的奠基者之一。他儿子谢飞整理父亲 115 封家书，编辑出版了《谢觉哉家书》。

浏阳路口谢氏与谢氏刀剪

780 多年前，在平江一个名叫鲇石的小山村，以打铁为生的谢允钟告别家人，挑起铁匠担子，决定到湘江与浏阳交界的捞刀河岸边的北盛路口发展。

据谢氏族谱记载，允钟公铁艺超群，与人为善。他制作的捞刀河刀淬火好，经久耐用，可使用 30 年不崩不卷。他生意兴隆，不久回平江接来家人，还带出族人到捞刀河边开铁铺，一个铁匠家庭繁衍成为浏阳路口谢氏大族。

长沙捞刀河因三国关羽战长沙而得名。传说关羽的大刀坠入河中，再次捞上来后经泥沙涤濯更加锋利。在日后的长期实践中，匠人们也是采用本地的澄泥作辅料进行刀剪制作。

宋代时，捞刀河剪刀就以开合顺畅、剪布锋利、经久耐用著称。明代捞刀河生产“三刀”——剪刀、菜刀、剃刀，声名远播，为老百姓所喜爱。在这里从事打铁行业的多达两三百人，营业的铁铺有谢氏铁铺、刘氏铁铺、董氏铁铺、萧氏铁铺、于氏铁铺等。他们所制器具远销广东、湖北等地。

2016年，捞刀河刀剪制作技艺成为湖南省非物质文化遗产保护项目。

长沙谢氏支系

长沙谢氏：始迁祖成龙公，明洪武二十五年（1392）自江西万载西仁乡紫金塘落业长沙府善化县河西七都谢家巷、谢家桥等处。清道光十五年（1835）、清同治十一年（1872）、清光绪二十九年（1903）、1935年纂修族谱。

宁乡碧塘谢氏：始祖智公，字卿，号夷吾，汉巨鹿太守，家会稽。传四十世至义硕公，世居江西安成辛里平都。曾孙忠烈于元末从兄赴长沙任教授，自江西迁居湖南宁乡唐市。忠烈之子孝暹于明洪武时又自唐市徙居二十一都碧塘村，生有八子——思谅、思忠、思敬、思聪、思明、思义、思夏、思谦，衍为八房，其中谅、敬、聪三派后裔同在宁乡。清道光三十年（1850）建宗祠于碧塘。

第四篇

元明清时期“江西填湖广”

“江西填湖广”，长沙又一次迎来移民高潮。大量移民进入湖南，带来了勇于开拓的精神和积极进取的意识。他们与湖南人能吃苦、有血性的性格结合，形成了湖湘文化“淳朴重义”“勇敢善武”的精神特质。至今湖南人与江西人互称“老表”，这既是一种亲情，也是一种质朴的智慧。

长沙李氏

李氏源流

理征是商纣王的大法官，因执法公正被纣王杀害。理征夫人契和氏带着儿子利贞逃命途中饥渴难耐，摘取李子充饥活命，为感恩以“李”为姓。

李氏是长沙第一大姓氏，主要分为几大支系，即西平忠武王李晟支系、曹王李明支系、滕王李元婴支系、吴王李恪支系、福建上杭李火德支系、南宋抗金名相李纲支系。

西平忠武王李晟支系

西平堂始祖李晟（727—793），中唐名将，字良器，洮州临潭（今属甘肃临潭）人。李晟勇烈有才，善骑射，18 岁从军，随河西节度使王忠嗣击吐蕃，一箭射杀吐蕃守城骁将，民间誉称“万人敌”。

他因战功升右神策军都等，后因平朱泚之乱，封为西平郡王。李晟碑于唐大和三年（829）立。由唐宰相裴度撰写碑文，字由著名书法家柳公权书写，加之碑主李晟的战功卓著，三者见绝，号称为文绝、书绝、功绝的“三绝碑”。现保存在陕西省高陵县第一中学校园内。

西平王李晟共育十五子，其中第十子李宪，被封江南西道洪州（今南昌）刺史。李宪后裔李如璋迁湖南，其后裔集中在沅江、益阳、长沙三地，1996 年续谱名为《嫩草江李氏五修支谱》。

长沙尖山李氏

唐昭宗之孙伯顺于唐亡后由长安遁居江西乐安县。十八代传至思荣公，字定昌，明初由江西乐安县药师冲转徙长沙河西胥宇竹子冲，地近尖山，故称尖山李氏，厥后分八房。清雍正十一年（1733）建家庙于杉木桥。

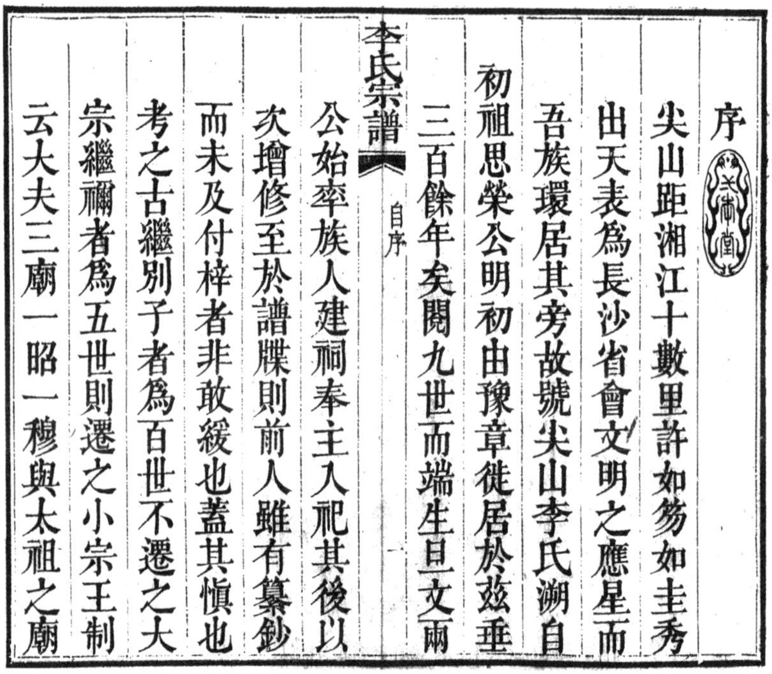
序
尖山距湘江十數里許如笏如圭秀
出天表為長沙省會文明之應星而
吾族環居其旁故號尖山李氏溯自
初祖思榮公明初由豫章徙居於茲垂
三百餘年矣閱九世而端生日文兩
李氏宗譜　自序
公始率族人建祠奉主人祀其後以
次增修至於譜牒則前人雖有纂鈔
而未及付梓者非敢緩也蓋其慎也
考之古繼別子者為百世不遷之大
宗繼禰者為五世則遷之小宗王制
云大夫三廟一昭一穆與太祖之廟

清嘉庆八年（1803）《李氏宗谱》源流序

清嘉庆八年（1803）八房创修族谱，清咸丰年间各房分修，1949 年又合修。2022 年三修。宗派（自十四世始）：文章昭著，景远肇开。祖德崇长，贤才佑启。先猷式守，敦笃彝伦。

和敬钟祥，家声永振。远怀前哲，高亮恢宏。克裕贻谋，道明礼顺。达仁由义，慎诏后昆。世颂清芬，丕承骏泽。

李寿蓉、李闰父女出自这个家族。李寿蓉是清咸丰六年（1856）进士，授任户部主事，擅长乐府诗词，被誉为“湖湘五子”之一。李寿蓉次女李闰，即谭嗣同的妻子。1925年，李闰迎来六十岁生日之际，康有为与梁启超合送了一幅“巾帼完人”横匾悬挂于浏阳“大夫第”故居大厅。

善邑牧马李氏

始迁祖伯仓公，明朝嘉靖年间由安徽迁善邑六都。民国十八年（1929）《善邑牧马李氏四修族谱》由长沙市政协委员、湖南笑工场表演艺术家李丹收藏。族谱记载：“落籍湖南善邑六都地，桥梁渡头观牧马花杂街上。”清顺治年间善邑划为十都。六都即现在长沙市岳麓区坪塘、含浦、九江、雨厂坪、卯田、榨冲、大洞、新庄、黄家垅等地。清康熙年间一修族谱，第五世起立字辈：学文登启国宏元继世家盛泽。

宁乡杉山李氏

始祖系南宋初期抗金名相李纲（1083—1140）。时因强元压境，宋室垂危，纲公于北宋靖康元年（1126）率兵固守开封，击败金兵，因主战而遭贬。靖康之耻，宋室南迁，高宗即位，是为南宋，为稳定局势，首召纲公为相。

纲公革新内政，增强抗金力量，再次遭谗被贬海南岛。

纲公四世孙超公，于南宋庆元年间，感于家国沦亡，遂入湖南溯湘江经沩水而达沩山之麓，爱此地山川之秀丽，乃定居于斯，迄今八百年矣。子孙繁衍广布宇内。建祠于宁乡城东之杜家桥。

杉山李氏自二十四世起，使用了统一的派名诗，以别尊卑，这首派名诗是一首立意深远、对仗工整的五言律诗：祖德培基远，敦伦笃孝思。立诚昭敬慎，行义懋敷施。翊赞勋猷伟，修齐典则垂。传家存宝训，有谷万年贻。

浏阳邓公山李氏

始祖唐太宗三子恪公，字为德。迁浏始祖芳梅公，字雪筠，元至正二十五年（1365）由平江黄裴培山迁浏，始居大江里。长子宗江分居芦溪迁栗树坪，次子宗河分居七娘山迁浅船岭，三子宗淮分居泮春邓公山，四子宗济分居社港市迁许家冲。清光绪二十六年（1900）建芳梅祠于邓公山。清乾隆四十一年（1776）创修族谱，清嘉庆二年（1797）、清嘉庆二十二年（1817）、清道光二十八年（1848）、清光绪四年（1878）、清光绪三十四年（1908）六修。原派：宗本邦国正，存元仲时兴。文武建齐定，朝廷贵进升。新派：怀才逢盛世，行道有名贤。忠厚祥长发，荣华福永全。

长沙金氏

金氏源流

长沙金氏的起源，要追溯到汉武帝托孤重臣金日磾。《汉书·霍光金日磾传》非常详细地介绍了金日磾的身世。他是匈奴休屠王太子，祖居甘肃武威。

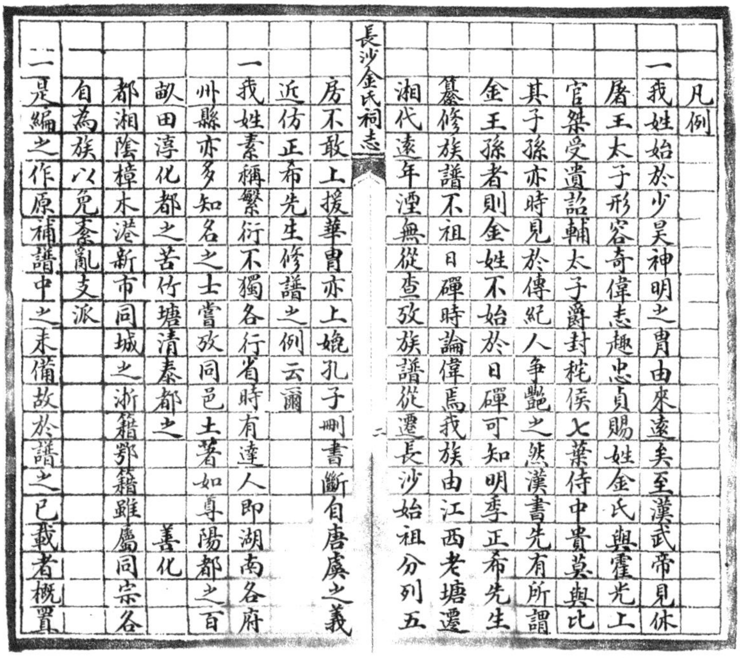
長沙金氏祠志　二

凡例

一我姓始於少昊神明之胄由來遠矣至漢武帝見休
屠王太子形容奇偉志趣忠貞賜姓金氏與霍光上
官桀受遺詔輔太子爵封秺侯七葉侍中貴莫與比
其子孫亦時見於傳紀人爭艷之然漢書先有所謂
金王孫者則金姓不始於日磾可知明季正希先生
纂修族譜不祖日磾時論偉焉我族由江西老塘遷
湘代遠年湮無從查攷族譜從遷長沙始祖分列五
房不敢上援華胄亦上媲孔子刪書斷自唐虞之義
近仿正希先生修譜之例云爾
一我姓素稱繁衍不獨各行省時有達人即湖南各府
州縣亦多知名之士嘗攷同邑土著如尊陽都之百
畝田淳化都之苦竹塘清泰都之善化
都湘陰樟木港新市同城之淅籍鄂籍雖屬同宗各
自為族以免紊亂支派
一是編之作原補譜中之未備故於譜之已載者概置

清宣统二年（1910）《长沙金氏祠志》凡例

金日磾 14 岁时，父亲降汉后反悔被杀，他和弟弟及母亲被充官奴，为皇室养马。汉武帝发现别人喂的马矮小干瘦，唯金日磾喂的马高大威猛，于是召到跟前问话，竟然发现他是匈奴的小王子。当日就下旨提拔他为御马监的总负责官，赐姓金。金日磾用超人的智慧，亲手制服刺客救了汉武帝。汉武帝托孤给他，死后葬在茂陵，陪伴汉武帝身边。

金日磾在朝堂上懂得进退有度,在家里对子女严加管教。他去世后，子孙在汉一朝“七叶内侍，何其盛也”。金日磾家族长盛不衰，七世珥貂，都是朝堂砥柱。金日磾的后裔还遍布朝鲜半岛，朝、韩两国金氏人口约 1600 万，构成了金氏主体。2008 年韩国电视台到中国拍专题片《金日磾》，播放后引起韩国金氏到中国寻根问祖的热潮。

金受七的名字铭刻在南京古城墙砖上

朱元璋在 1366 年建南京城墙。江西丰城的金受六、金受七、金受八认为这是一个发展事业的好机会。他们带上子侄，沿长江而上，选择在土质适宜、水运便利的横垱湖边（今岳阳境内），建起了巨大的窑厂，生产墙砖。按照规定，监制人要在每一块城墙砖上签名。

600 多年后，金受七监制签名的南京古城墙砖，被南京古城墙保护管理中心开启的“南京城墙本体砖文信息采集工程”发掘出来。这一消息牵动了长沙金氏族人的心，金受七的后人金炯燃先生，携清朝道光年间的金氏族谱，来到南京古城墙保护管理中心，向专家们讲述金受七后代居住的岳阳楼横垱湖边还有数座残存的古砖窑遗址。专家们亲临岳阳楼横垱湖考察，制作成纪录片，重现 600 多年前制作砖窑的恢宏场景。横垱湖周边，高凸凹低漫衍着近百座砖窑，每座窑前都是来来往往繁忙的烧砖人。白天人流如织，热火朝天。夜晚窑火熊熊，照亮夜空。祖宗金受七穿梭忙碌，调配有度，每块城墙砖“长40厘米、宽20厘米、厚10厘米、重20公斤”“敲之有声，断之无孔”。南京古城墙因制作工艺与历史意义，申报联合国非物质文化遗产成功。古代城墙砖穿越了时空，与后人联动，追根溯源。

金受七三兄弟凭借胆大心细，烧制城墙砖获得大笔财富，在长沙、宁乡、益阳、湘阴等地广置田产，安家乐业。清嘉庆四年（1799）曾续修族谱。康熙老派：三凤登台阁，五桂发月池。孝友崇家政，文章振先时。光绪续派：怀仁培祖德，笃本茂宗支。道子千秋慕，忠勋万古垂。

长沙金氏热心慈善

长沙源远堂金氏属于宋朝末年抗金名将金崇岳的后裔。始迁祖金源极，号太垣公，担任明右都御史、湖广总督项忠的参谋官，因攻打李胡子李良有功，被军功议叙为知州，授奉直大夫。金源极于明朝正德年间扎根星城，生五子：希圣、华茂、孟荣、资美、龙泉，他们分别定居长沙竹筒港（现星沙）、草潮门（现中山西路口）、新康（现望城）、飞虎寨（现兴汉门、长沙县北山）、福临铺（现长沙县开慧、福临）等地。自此，家族在长沙开枝散叶。清道光五年（1825），五房共建宗祠于长沙市营盘街。清嘉庆五年（1800）创修族谱，2022年五修。派语（自十二世起）：世友善士，先泽洪延。清源正本，崇德象贤。家修廷献，功立名传。克济其美，惟以永年。

隋唐时期，长沙在官府指导下兴起义仓制，村民拿出一些稻谷放入村中的“义仓”里，救助贫困家庭，灾年开办粥厂赈灾。明嘉靖年间，长沙遭遇大饥荒，义仓入不敷出。金前州心怀悲悯，毅然捐谷三千担（30万斤）用于赈灾，善举活人无数。明神宗降旨，封给义官赐冠带，赐额“德赈”，金氏家族荣膺“尚义之门”的称号。

尚义家风得到了传承。清道光三年（1823），金友铨将60岁寿宴所获礼金全部捐献，用于建造门前白沙河上的木桥，并叮嘱子孙定期维护。过往行人无不感怀其恩，将这座桥称为“寿星桥”。辛亥革命时期，金在兴慷慨解囊，捐献纹银六千八百两，彰显了金氏家族推翻帝制和追求民主自由的信念。

晚清金沛林创和丰火柴厂“公司+居民”的工业模式带动长沙居民就业。长沙县淳北镇（雨花区）花砑冲金沛林，学名耀湘，20岁考中秀才，50岁前在乡里教读。他学识渊博，为人能干，应著名乡绅王先谦的邀请，担任长沙和丰火柴厂总经理，尽职尽责管理服务18年。时值晚清，人们用“洋火柴”，工业风气未开，官绅兴办的实业如制造局、电灯厂等因投资过大，经营不善亏本，唯有和丰火柴厂盈利。他为了控制成本，把糊火柴盒、包装火柴这些细致手工活，分发给数千贫苦妇孺，增加了家庭收入，深得乡里赞评。

长沙源远堂金氏保持了办实业、做公益的优良传统。金亚林有先祖遗风，为汶川地震一次性捐出60吨大米救灾。在金亚林的带动下，金海涛、金建华、金磊等一批人爱国爱家，传承家风文化，筹资出版金炯燃编著的《中华金氏二千年》。该书收入全国329支金氏，帮助金氏寻根问祖，弘扬祖德，启迪后人。

宁乡金氏支系

宁乡金氏：始迁祖魁公，宋治平年间由金陵占籍邵阳。逮十六传至支祖大贵公，由邵阳迁宁乡黄材头渡水。清宣统二年（1910）纂修支谱，1940年续修。派语：大国兴安定，治盛隆和庆。贻谋豫厚昌，家纲敦孝友。邦纪笃忠良。

长沙郑氏

郑氏源流

公元前806年周宣王之弟姬友封国立氏，史称郑桓公。后郑国被韩国所灭，郑国人遂以国为姓。

长沙主要有金井郑氏、浏阳郑氏与宁乡郑氏三大支系，长沙金井郑氏，因金井古称尊阳都，故称尊阳郑氏。浏阳郑氏是清朝中期从广东梅州、河源、潮汕、揭阳等地迁入。宁乡郑氏是唐元和年间，官迁至宁乡唐市。

尊阳郑氏

长沙尊阳郑氏：始祖善果公，为江州刺史，世居江西。始迁祖寿山公，明嘉靖时宦湘，解绶留平江九眼桥，旋徙乌泥乡。尊阳郑氏源自平江清水郑氏一脉，两者毗邻而居，仅一山相隔。当年金井郑氏在纵横20里的山间盆地建有“郑家塅四十八大花屋”，可谓盛极一时。到第九世郑世俊于清嘉庆十三年（1808）考取进士，尊阳郑氏从此一发不可收，在清末不到100年的时间里，考取8名进士和20名举人，有功名者达400余人，其中郑沅获取的清光绪二十年（1894）甲午恩科探花为最高功名。

至1948年，全族男女丁口达万人。清乾隆五十年（1785）、清咸丰二年（1852）、清光绪九年（1883）、1918年、2018

年续修族谱。字辈（自八世始）：玉世敦先业，家兆延昌。人文启瑞，孝友传芳。

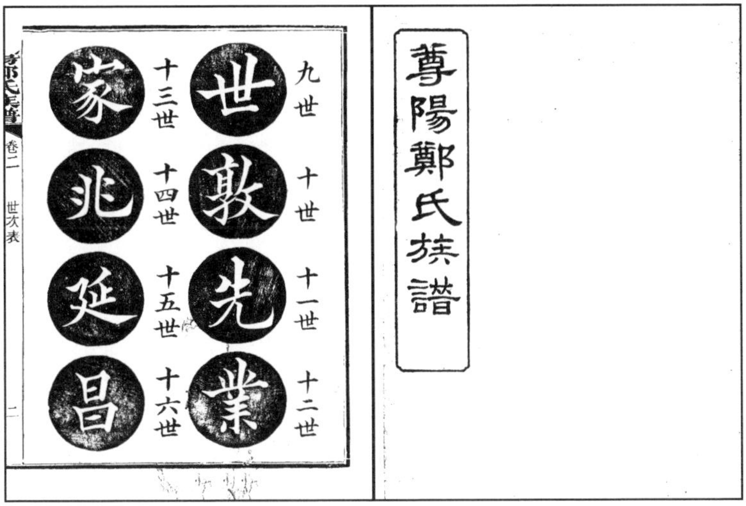

《尊阳郑氏族谱》与字辈

近现代还出了郑家溉与两位著名女杰——张闻天的夫人刘英、烈士夏明翰遗孀郑家钧。

郑家溉（1837—1944），尊阳郑氏第十三代孙，光绪年间进士，著名抗日烈士。1931 年“九一八”事变后，伪满洲国内阁总理郑孝胥写信邀请郑家溉出任伪满洲国内阁尚书府大臣。郑家溉厉声斥道：“日本岂可与元为友？这等卖国勾当，何为污我！”

1944 年 6 月，长沙沦陷，72 岁的郑家溉避难于湘乡县景庆乡。6 月 27 日，日军侦知郑家溉住所，派兵逼他出任湖南省维持会会长，遭到其严词拒绝。日军将郑家溉劫持而去，经过双泉村瓦屋里檀树塘时，他乘日军不备，纵身跳入塘中，以死明志。在长沙烈士公园纪念塔大厅内，陈列有郑家溉烈士的事迹。

刘英（1905—2002），张闻天同志夫人，谱名郑家慧，尊阳郑氏第十三代孙。1929年,她赴苏联莫斯科中山大学留学。1934年，参加艰苦卓绝的长征，到陕北后任共青团中央局宣传部部长，中共中央秘书处处长。1936年6月，刘英与张闻天举行了简单的婚礼。

新中国成立后，刘英在外交部工作，担任过部长助理，驻联合国经社理事会副代表，驻苏联大使馆参赞，外交部党委委员等职务。

郑家钧，夏明翰烈士夫人，尊阳郑氏第十三代孙。郑家钧温和善良，逃离童养家庭后在长沙湘绣厂打工。

1923年，夏明翰组织工人上街罢工，遭到反动政府镇压，千钧一发之际,郑家钧扑倒夏明翰,从敌人枪口下救下夏明翰,自此他们相识相知成婚。

1928年，夏明翰在武汉被捕。在狱中，他给妻子郑家钧写信："同志们曾说：世上唯有家钧好，今日里才觉你是巾帼贤。红珠留着相思念，夏赤云（夏明翰女儿）孤苦望成全，坚持革命继吾志，誓将真理传人寰！"

夏明翰牺牲后，为防止敌人追杀，郑家钧带着女儿夏赤云东躲西藏,凭借一手刺绣手艺和顽强的革命意志艰难度日。新中国成立后，郑家钧谢绝组织的好意，留在长沙工作生活。

浏阳郑氏

康成公之三十八世孙为唐杰、唐举、唐彦公，以三公后裔为主，于清康熙年间由粤东徙居湖南浏阳各地。谱尊东汉灵帝时大司农郑玄为一世祖。郑玄六世孙平公后嗣有迁居浏南郑家湾及浏东白驹者。清道光五年（1825）肇修族谱，光绪元年（1875）续修，光绪三十四年（1908）三修，1939 年四修，2022 年续修族谱。清乾隆三十六年（1771）建宗祠于浏阳县城。派语（自五十五世始）：贤为国宝，儒美席珍。修礼明义，立德行仁。才全学茂，忠笃孝纯。光耀宗祖，富裕经纶。敬敦先业，作述常新。

长沙杨氏

杨氏源流

杨姓源于姬姓。唐叔虞的小儿子杼受封于杨国（今山西洪洞县），后裔以国为姓。

楚汉争霸，杨喜赢得项羽大腿，被刘邦封赤泉侯，食邑一千九百户，位列开国功臣第 103 位。2019 年，陕西省杨喜家族墓群，被国务院公布为第八批全国重点文物保护单位。

明永乐二年（1404），杨喜后人，江西吉安人杨诚泗宦游来湘，爱上长沙金井蒲塘的山水，其子杨文斌在此购置田地安家。因文斌公葬于铜铃桥对岸，故称铜铃堂蒲塘杨氏。杨昌济、杨开慧父女是该族名人。

杨开慧的婚姻状况记录在族谱

杨开慧（1901—1930），毛泽东（字润之）夫人。他们的夫妻的婚姻关系在《蒲塘杨氏族谱》有记载，（杨昌济）字怀中，号华生，册名昌济，配向氏，女二，长殇，次适毛润之。这是杨开慧和毛泽东婚姻的记录。

杨开慧的父亲杨昌济（1871—1920），教育家，伦理学家。晚清秀才，留学日本、英国、德国 10 年。回国后，谢绝湖南督军谭延闿教育司长之聘，在湖南省立第一师范学校任教，要实现“欲栽大木柱长天”的理想。他是毛泽东最尊敬的老师和岳父。

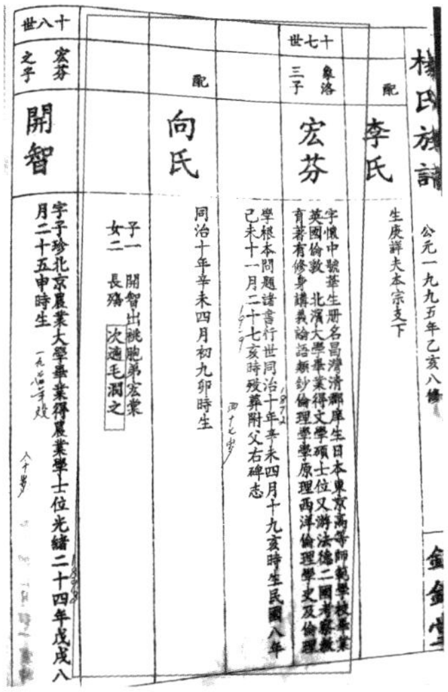
楊氏族譜
公元一九九五年乙亥八修

配 李氏
生庚詳夫本宗支下

十七世
泉洛三子
宏芬
字懷中號華生册名昌濟清郡庠生日本東京高等師範學校畢業英國倫敦 北濱大學畢業得文學碩士位又游法德二國考察教育著有修身講義論語類鈔倫理學原理西洋倫理學史及倫理學根本問題諸書行世同治十年辛未四月十九亥時生民國八年己未十一月二十七亥時歿葬附父右碑志

配 向氏
同治十年辛未四月初九卯時生

子一 開智出桃胞弟宏業
女二 長殤 次適毛潤之

十八世
宏芬之子
開智
字子珍北京農業大學畢業得農業學士位光緒二十四年戊戌八月二十五申時生

《蒲塘杨氏族谱》齿录

长沙杨氏三位杰出人物指清末民国板仓杨昌济，星沙杨德麟、杨毓麟兄弟。他们同属铜铃堂杨氏支系，长沙城南书院同学，一起出国留学，共同追随孙中山先生。

杨德麟（1870—1913），中国近代民主革命家。1913 年任湖南省财政司司长兼民政司司长，反对袁世凯独裁，被军阀汤芗铭杀害。

杨毓麟（1872—1911），中国近代民主革命家。卖掉自己名下的田产，与黄兴筹建华兴会。1911 年，黄花岗起义失败，杨毓麟悲愤万分，在英国利物浦蹈海身亡。

他们的日记、文章、遗书都被收入族谱，是研究长沙辛亥革命的珍贵资料。杨昌济撰写的《蹈海烈士杨君守仁事略》被收入族谱。杨开慧出自这样一个古老的名门望族，秉承先辈勇敢、追求理想、不怕牺牲的精神。

1995 年，分布在长沙县金井镇、开慧镇板仓、星沙镇青草坑，汨罗、平江、湘阴等地的蒲塘铜铃堂编撰八修族谱。字辈：文安廷伏仲朝添大启云仍学世延万象宏开名传道立业绍东南辉联奎璧。

杨树达是长沙花砺杨氏

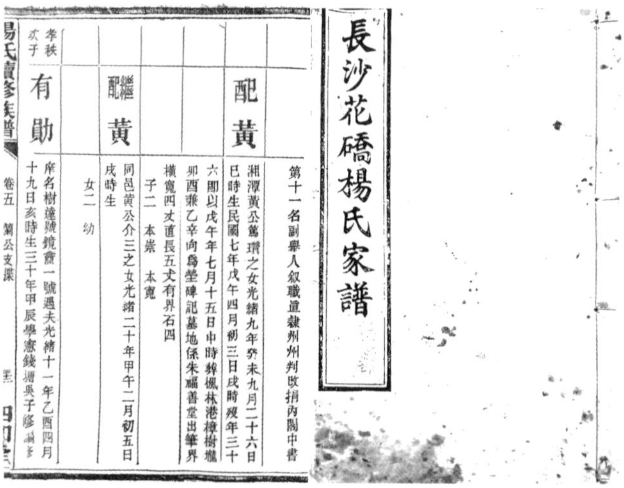

民国十四年（1925）《长沙花砺杨氏家谱》

杨树达（1885—1956），中国著名的汉语言文字学家。1953 年任中国人民政治协商会议第二届全国委员会委员、中国科学院哲学社会科学学部委员。曾任教于湖南省立第一师范学校，教授过毛泽东国文课程。自杨树达 1956 年逝世以来，学术界出版了很多关于他的研究著作。但是各界长期未明确其族源。2025 年初，长沙市政协委员、文史专家黄守愚与杨恢宏、杨智勇、郑延卓、杨明乐、杨穆、朱建湘、彭奇、黄灿平等长沙县文史专家团队，根据杨树达日记和他们专业的田野调查能力寻访到杨树达的族谱。

1925 年，杨醴泉、杨孝秩主修《长沙花砑杨氏家谱》，主修之一杨孝秩即杨树达父亲。族谱卷五齿录有杨树达（派名“有勋”）及其 3 个儿子的名字。

在杨树达日记中，多处有他为族谱、祠堂奔忙的记录。他去世后，子孙满堂，离上次修谱已过去一百年，没有整理编修出族谱，是一种遗憾。这次寻找到民国族谱，实现了杨树达研究领域的新突破。

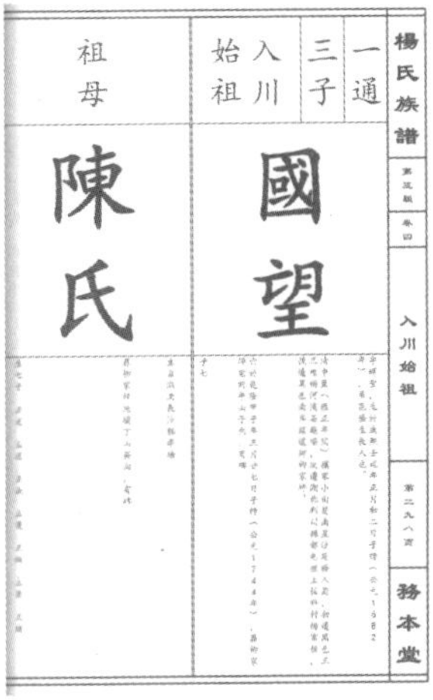

2021 年重庆务本堂《杨氏族谱》

长沙仰岳楼家谱馆收藏了 2021 年重庆务本堂三修《杨氏族谱》。该族谱记载了花砑杨氏第九代国字辈三兄弟入川。国羡公返回湖南，国周公迁开县，国望公携花砑杨氏清康熙五十五年（1716）的初修族谱，带着 7 个儿子落业重庆万县十甲柳家坪。至今繁衍 12 代人，上谱 1662 人。这是历史上“湖广填四川”移民事件在族谱里的记录。

四川万县的杨氏的字辈，前面 20 个字辈与长沙花研杨氏字辈一样：蔺司必万廷，朝子一国正。世泰永宗教，有本茂枝芳。后 20 个字辈是在万县续：远光承先泽，继序兴其祥。功德在祖述，文明百代昌。

《湖南杨氏通谱》

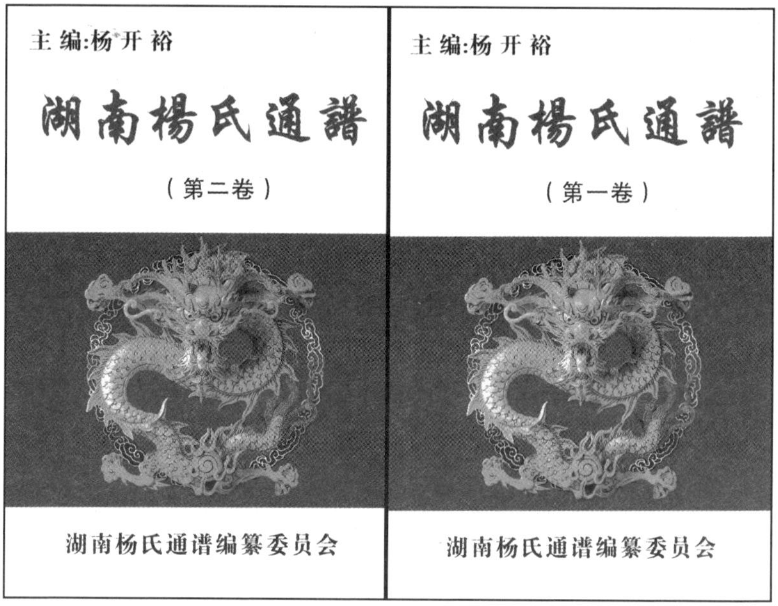

2013 年《湖南杨氏通谱》

历时 20 多年，2014 年 3 月，杨开裕主编的《湖南杨氏通谱》面世。通谱录入湖南省 366 支杨氏世系，其中有 60 支长沙杨氏世系，他们分别于宋、元、明、清从江西吉水、丰城、饶州，福建龙岩，广东梅州等地迁来长沙。《湖南杨氏通谱》与长沙历史相互交织。长沙杨氏血脉世系延续，具有地域特色。

长沙曹氏

曹氏源流

周文王第十三子曹叔振铎，受封于曹，建立曹国，子孙以国为姓。

长沙曹氏以三峰曹氏（康熙旦明谱称楚湘曹氏、楚南曹氏）一支为主体，始于元朝。三峰曹氏始祖玉溪公（字子明，号三峰），元朝人，元至元二十六年（1289）生，元至治年间自江西吉安来湘执掌湘阴（元代湘阴属潭州路）三峰关务，封将军职，故又称三峰将军，后赐葬于长沙万寿都茭塘（今黄花机场北头蛟塘水库）西侧，后世称此处为将军山。

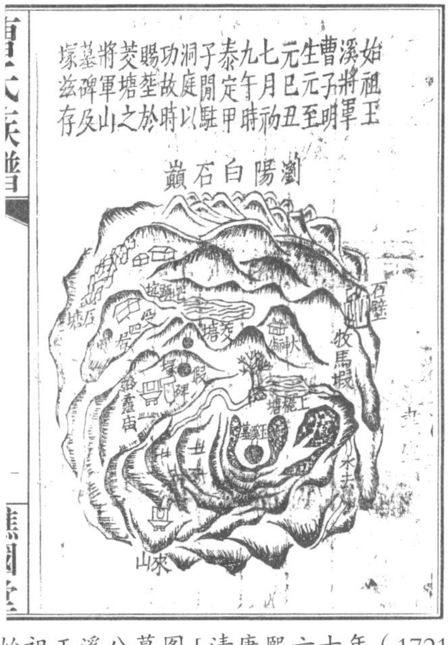

三峰曹氏始祖玉溪公墓图［清康熙六十年（1721）旦明谱］

曹玉溪生子七，名懿清、懿澄、懿江、懿河、懿海、懿涧、懿流。懿清袭职京师，懿江任职益阳达鲁花赤后落业凤凰湖，其余五子则以株山（今黄花镇曹家坪）为中心定居长沙。玉溪公后裔主要分布于长沙及周边湘潭、益阳、岳阳等地，明清时期因洞庭河湖水运祖业发达，或因从政经商需要，部分徙居鄂、川、赣、皖诸省。

三峰始祖曹玉溪墓原址保存至今，有700多年历史，是长沙地区罕见的元代墓葬。墓碑原存于长沙宝南街尧公祠，后毁于“文夕大火”。明成化二十年（1484），三峰曹氏于株山建鹤仙寺，寺祠合一，为三峰曹氏玉溪公首祠，后毁于张左兵火，清道光十四年（1834）重建玉溪公祠于省城西长街。

三峰曹氏基本派语：玉懿秀（福华）贤（必）彦，文（乂肇）崇（均金荣庭）单（硕行子道）太（思学冠）忠（应锡光正），国（庭世良如）正（兴国文景）之（以大教耀）启（大昌尔绍）开（学芝廷述）。家盛英才广，典修治策长。显承师俊业，圣哲立名邦。仁教怀三代，嘉徵集一堂。宗功培至善，祖荫庆常康。

三峰曹氏自元代绵延传承，民国八年（1919）史学家曹佐熙（1867—1921），字摅沧，修《湖南通志》等，著述甚丰。合各支房谱编纂《三峰曹氏通谱》，时湖南三峰曹氏之族人口共计40966人，族内各房、支族著述多达160多部，300余卷。据近年修谱统计，三峰曹氏26支房录丁计有20余万人。

清康熙四十年（1701），三峰曹氏岳麓书院山长曹耀珩首修益阳曹氏谱，俗称《畅庵谱》。清康熙六十年（1721），长沙名儒曹寅创修楚南曹氏谱，史称《旦明康熙谱》。清乾隆元年（1736），曹寅再度扩修曹氏族谱，史称《旦明乾隆通谱》。此三谱保存了三峰曹氏大量珍贵家族史料，对于研究元代以来湖湘水运、渔业经济、人口繁衍有重要的史料价值。1919 年曹佐熙主修《湖南三峰曹氏通谱》更是对三峰曹氏作出了历史性的归纳总结。

明清两朝，三峰曹氏人才辈出，仅进士就有 9 名（长沙 8 名），举人多达 40 余名，贡生、廪生、增生、附生等 500 余名。民国时期，长沙三峰曹氏在湖湘政、军、教、文、医、商等领域都具有一定影响力，与湖湘历史、长沙历史密不可分。如清乾隆年间岳麓书院山长曹耀珩，晚清名士曹耀湘（字镜初），民国湖南省政府教育厅长、代理省主席、湖南大学校长曹典球，民国湖南省政府建设厅长、民政厅长、新中国湖南高等法院院长曹伯闻，民国湖南省政府秘书长、慈善家、教育家曹孟其，国学大师曹伯韩等。

三峰曹氏与湖南关务、水运、码头

长沙自古有“荆豫唇齿，黔粤咽喉”之称，战略位置十分重要。湘资沅澧与洞庭湖大小几百条河道，河网纵横，水运、码头和渔业是重要的经济命脉。

曹玉溪统领曹家兵马管理水政，兼理关税务。关卡设在湘阴三峰关，这里是湘江入洞庭湖进长江的必经之路。他将洞庭湖东西水域划分为十二块，建十二旗，分别由子侄辈十二人掌管湖渔水课，剿匪缉盗，整治河湖秩序，奠定了三峰曹氏家族的湖河世业根基。

元灭明兴，朱元璋率军南下，三峰曹氏四世祖曹良率十二渔舟迎驾有功，授乔口拦江指挥使。此后三峰曹氏在明朝“世袭指挥，统领河泊”，族人亦军亦民。“由宋元以讫明初曹氏屯兵三峰统领洞庭水政以力于王事”，“曹家兵马”由此得名。

明永乐年间，在八世祖双松公带领下，有“巨舟六艘”往返于湖南与南京之间，湖渔及农商事业蓬勃发展。鱼油是古代部队用于弓箭制造和兵器保养的重要战略物资，“湖广水政自朱以来授曹氏掌理，每年征湖河鱼油以膏弓箭之用”，“自潭澧长沙以及新堤汉口直下南京皆立码头”，鱼油鱼胶“直输南京兵部随转贮北京”。

曾国藩的“核心幕僚”曹耀湘

曹耀湘，字镜初，湖南长沙人，清末著名学者，诗人。清咸丰七年（1857），曹耀湘经欧阳兆熊介绍，入曾国藩幕府，成为曾氏重要幕僚之一。

当年，曾国藩的湘军兵败江西湖口，曾国藩情郁于中，始终不能释怀。据族谱家传记载，曹耀湘以道家思想影响曾国藩，使曾氏的人生观发生了巨大的转变，悟出“以柔克刚”

的真谛，学会宁静谦退。

清同治十一年（1872），曹耀湘受曾国荃和曾纪泽叔侄委托，在长沙下黎家坡遐龄庵开办了对长沙影响深远的官办书局——传忠书局，并由他主持书局事务。他还在遐龄庵创办了长沙刻经处。在近代全国雕版印刷的佛教经典中，长沙刻经处的经书占有重要的一席。清光绪元年（1875），曹耀湘参与《曾文正公全集》编纂和刊印工作，撰写《曾文正公年谱》。

曹耀湘兄弟三人皆为人杰。兄焕湘，咸丰举人、诗人（号知非山人）。弟翰湘，同治戊辰进士，任职广西。

著名教育家曹典球

晚清时期，湖湘子弟纷纷投身湘军建功立业。长沙三峰曹氏也不例外。据族谱记载，长沙黄花人曹广滋随湘军在安庆驻扎，与安庆女子江氏成婚，其子曹典球于清光绪三年（1877）在安庆出生。晚清，江标督学到湖南主考“经古文辞”，阅卷时看到一篇文章大赞，立即“拔擢为经古场第一名”，这个考生就是曹典球。曹典球（1887—1960），字籽谷，号猛庵，长沙黄花曹家坪人。

曹典球穷其一生投身于教育，他开办中南大学、湘雅医科大学，创办文艺中学（后无偿捐给政府），与宾步程发起创办明宪女中（现雅礼十五中），两度出任湖南大学校长，成为湖湘教育史上的一位传奇人物。光绪三十四年（1908），曹典球被清政府委任为湖南高等实业学堂(今中南大学前身)校长。首开矿业、土木、机械、化学、铁路等专科，成为湖南第一所多学科高等工业学堂。清朝学部曾评价："中国自北洋大学堂外,工程学科未有如湖南高等实业学堂之完善者。"

1914年，北洋政府批准他担任会长的湖南育群学会与美国雅礼会合作，在长沙合办湘雅医院和医学专门学校。曹典球被推选为湘雅医学会董事部部长、干事部部长。1925年，湘雅医学专门学校更名为湘雅医科大学，选举他为湘雅医科大学校董事会董事长。自此，湘雅医学院及湘雅医院成为湖南医疗的名片，"南湘雅北协和"享誉全国。

长沙城南天心阁素有"潇湘古阁"之美誉。1924年，湖南督军谭延闿下令拆除长沙古城墙修筑环城路，时任市政公所总理曹典球挺身而出，力保古城墙和天心阁，慷慨声言"睡在城墙上，誓与城墙共存亡"，最终迫使省府同意保留天心阁和251米古城墙。

1930年，时为湖南省政府委员兼教育厅厅长、湖南大学校长的曹典球，得知毛泽东妻子杨开慧为何键所捕，极力营救无果。他提供200元租船走水路，送毛岸英兄弟出长沙，将他们安全转移至武汉再辗转到上海，还安排杨开智到湖南大学图书馆工作予以保护。

1959年6月，毛泽东主席在长沙特别设宴款待曹典球，对他当年出面营救杨开慧，搭救毛岸英兄弟深表谢意。

长沙“曹圣人”曹孟其

在湖湘历史上，有一位潜心教育和慈善事业，人称“曹圣人”的曹孟其值得一提。曹孟其（1883—1949），原名惠，长沙黄花曹家坪人。

曹孟其曾任民国湖南省政府秘书长，毕生倾心教育慈善事业。1914—1920、1938—1949 年间，他于危难之中先后两次担任湖南广益中学校长，历时 18 年，“不支薪俸，年支夫马（费）二百元”以为示范，故人称“曹圣人”。抗战极其困难时期，他将全部家当捐给学校，带领师生三迁校址，为这所百年名校的建设和发展作出了重要贡献。他的“童体”书法独具特色。

1917 年，他任湖南孤儿院院长，此后长达 20 余年。他将其所有田产房屋全部捐出，以院为家，视孤儿为子女，开荒机耕，发展实业。

1942 年，他痛感国事艰难，救国振族唯有教育，就献出长沙黄花的先祖彦尧公祠堂，创办三峰私立中学（现长沙市三峰中学，原长沙县六中），校训“公勤礼度”。

长沙曾氏

曾氏源流

夏王少康封给小儿子曲烈鄫子国。后鄫国被灭，鄫国太子巫出奔邻近的鲁国，用原国名“鄫”为姓氏，除去了邑旁表示离开故城，不忘先祖。

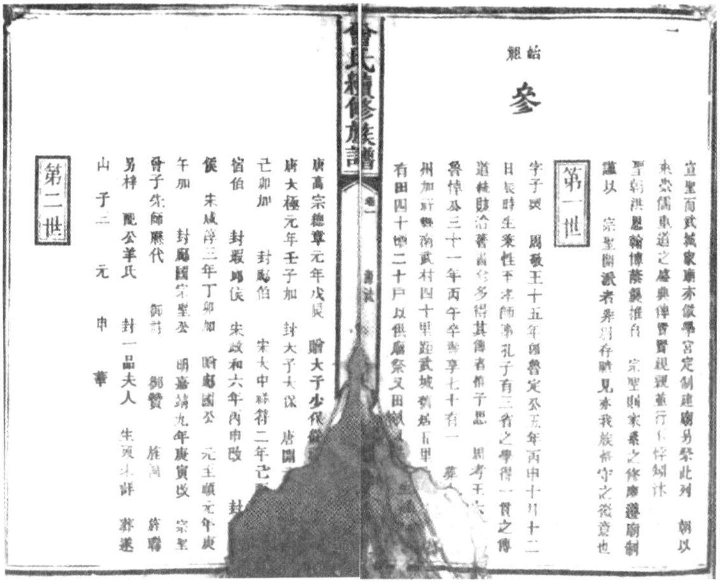

《曾氏续修族谱》世系图

湖南曾氏以孔子弟子曾参为一世祖。西汉末年，山东曾世庆的两个儿子长伟、次骈，自山东迁江西庐陵吉阳乡。伟公后裔繁衍于湘、鄂等省，称南宗。骈公北归，繁衍于山东等地称曾氏东宗。南宗四十二派孟鲁公从江西迁茶陵，为湖南始祖。四十五派曾霸于南宋迁湖南衡阳，六十二派孟学在明末清初迁湘乡大界，现双峰县荷叶塘，即清朝臣曾国藩所在支系。

朝廷在宁乡设曾氏族谱编修总局

明朝初年，五十六派曾光显，明时授沅州知州，退休后安家宁乡西南四十里二都六区麻田，称麻田曾氏。从明朝嘉靖以来，这一支曾氏成为曾氏谱学领头者。

曾氏到明嘉靖年间才始封圣裔，得到与孔、颜、孟三氏圣裔的荣耀和优免。字辈与孔、颜、孟相同：兴毓传继广，昭宪庆繁祥。令德维垂佑，钦绍念显扬。明嘉靖间朝廷遴选江西永丰曾氏嫡裔到山东嘉祥主持宗圣曾子祀事，例封翰林院五经博士之世袭职，后裔为东宗。钦定湖南宁乡麻田一支为曾圣嫡裔，加之曾氏族裔大多居南方称南宗，因此在宁乡设曾氏族谱编修总局。

由于朝廷对圣裔缴纳赋税、科举有特殊的优免，各地的曾氏族人所持谱牒必须是设于湖南宁乡的曾氏族谱编修总局编印的族谱，还要有宁乡县府等相关权力机构盖印确认才有效。

曾国藩考中进士，回乡省亲，与父和叔父倡建大界曾氏宗祠，倡续修《大界曾氏三修族谱》。他与叔父毓驷遍访衡阳、邵阳、新化、湘乡等地曾氏村庄。叔侄俩两次赴宁乡曾氏族谱编修总局造访，订正族谱盖章。

民国期间，官方取消了圣裔的各项优免。宁乡曾氏族谱编修总局于1950年解散。2024年12月9日，长沙书堂山曾子文化园开园。文化园内打造了曾子纪念馆、曾子圣迹、世系流衍、修身齐家等分馆。

双峰大界曾氏女子谱系

曾国藩倡导“有贤妇，才有贤子孙”的前提是注重女子教育，他要求媳妇和儿女都认字读书。媳妇郭筠自号艺芳，19岁嫁入曾家，在曾国藩的指点下，通读《十三经注疏》《御批通鉴》等书，学识渊博。曾国藩和欧阳夫人相继去世后，富厚堂几十号人，39万卷藏书，均由郭筠管理。她主持家政35年，70岁大寿那年，亲笔将“均需读书”六条家规写入曾氏《富厚堂日程》：“我家行之，一乡风化。则国强之根基于此矣。”她提倡男女一应平等的思想，使曾国藩“八本”家训延续光大。

我们从族谱中按照辈分：传继广昭宪，五代人顺序，列出17位曾氏女性人物和事迹如下：

传字辈：

曾国藩的欧阳夫人，读书识字，育三子五女。她与丈夫曾国藩都要女儿读书识字。丈夫长年在外当官带兵打仗，她操持家务，带儿孙读书。

继字辈：

刘淑懿（1841—1903），曾国藩大儿曾纪鸿夫人。她是中国第一位驻英法大使夫人。

郭筠（1847—1916），曾国藩二儿曾纪泽夫人。曾国藩故居富厚堂掌门人，办家塾，制定男女平等家规家训。办诗社，出版诗集。郭筠夫人建“艺芳馆”藏书楼，结女子诗社，接待家乡人、湘军后裔、曾氏姻亲唐群英、秋瑾、葛健豪等女子来家中吟诗唱和，创造一方女性自由抒发胸臆、互相勉励的天地。她对唐群英、秋瑾、葛健豪、向警予、蔡畅的影响力是巨大的。

刘鉴（1852—1930），曾国荃二儿媳妇。曾国荃家族家塾掌门人，曾宪植的祖母与启蒙者。她制定男女平等家规家训，编写教材、诗集给儿孙学习。

曾纪芬（1852—1942），曾国藩小女儿，辅助丈夫聂缉椝帮办滇捐局起家，至上海制造局总办，官迁至浙江巡抚。儿子是上海总商会会长，儿女皆为工商界大企业家。她自编《家庭周报》，刊登自己写的《廉俭救国说》，提出：“国家兴亡，匹妇尤有责焉。”80岁自订年谱。她资助600光洋给葛健豪、蔡和森、向警予、蔡畅等赴法勤工俭学。

广字辈：

陈光璐（1878—1939），曾国潢孙媳，曾广祚夫人。长女曾昭燏是考古学家，南京博物院院长。7个儿女均成为中国近现代学术界的重要人物。

曾广珊（1871—1949），曾国藩孙女，曾纪鸿、郭筠夫妇的女儿，清代著名女诗人。20岁嫁俞明颐，儿女为民国时期军政要人。

曾广镛（1876—？），曾国华孙女，创办湘乡新式学堂，淑慎、振艺女校。

昭字辈：

曾宝荪（1893—1978），曾国藩重孙女，第一位留学英国的女子。曾宝荪女士在祖母《艺芳馆诗存》的前言中写道："先祖母高瞻远瞩，在光绪末年已知国内政治势趋鼎革，而学术演进，偏重科学，除长孙女早适姚氏外，其余三房男女孙辈，均令其远赴英美学习科学。"创办长沙艺芳女校。1945 年四修总撰《大界曾氏族谱》。

曾宝菡（1896—1979），曾国藩重孙女。著名医学博士、骨科专家。

曾宝菱，曾国藩重孙女，新中国成立前系延安鲁艺戏剧系主任，新中国成立后任中央戏剧学院院长。

曾昭燏（1909—1964），曾国潢的长重孙女，中国杰出的女博物馆家、考古学家，曾任南京博物院院长。

曾昭懿（1913—1969），曾国潢的重孙女，协和医院医学博士，曾任北京市第三人民医院院长，第一届人民代表大会代表。

曾宝苗（1911—2007），曾国藩重孙女，创办艺芳小学。

宪字辈：

曾宪楷（1908—1985），曾国荃第五代孙。中国人民大学教授、清史研究所所长。

曾宪植（1910—1989），曾国荃第五代孙。革命家，原中华全国妇女联合会副主席。

曾宪源（1931—），曾国藩玄孙女，人民教育出版社任副编审，数学教育家。

聂崇彬，曾纪芬重孙女，海外华文作家。

2007 年，双峰县被全国妇联命名为“中华女杰之乡”。双峰县女杰群体有两个主要谱系，一是以曾国藩及兄弟家四位媳妇刘淑懿、郭筠、刘鉴、陈光璐为主，代代延续的曾氏女子谱系。另一个是以女权先驱唐群英、女英烈秋瑾、革命母亲葛健豪、蔡畅谱系。

大界曾氏女性群体，虽然因种种原因被淹没在了历史的洪流之中，但是值得我们从族谱中进行挖掘研究。

长沙左氏

左氏源流

据族谱记载，黄帝有大臣左彻，左氏奉左彻为始祖。春秋时代有鲁国史官左丘明。南方始祖左郷，字富书，号一初，江苏镇江人，唐昭宗时任衡州司马，五代时期避乱，又迁居江西吉安府永新县禾川逢桥左坊。

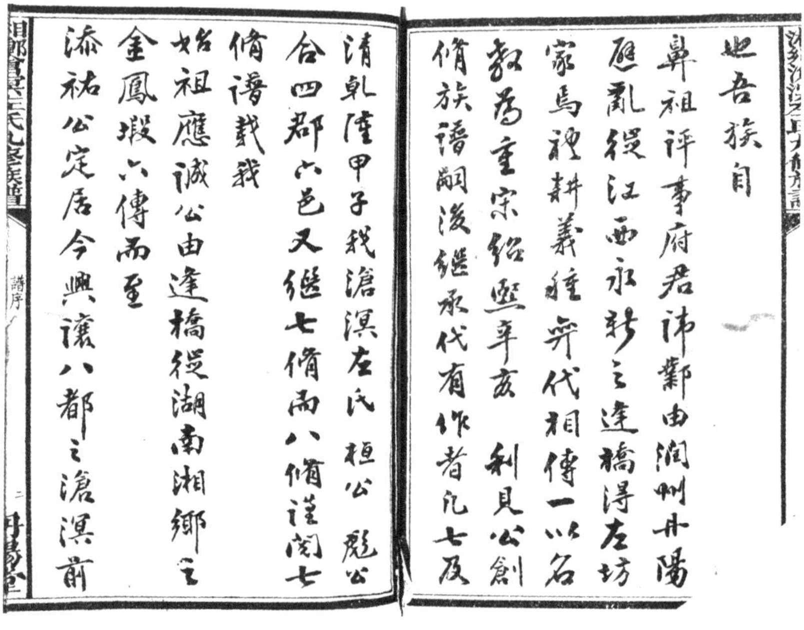
也吾族自
鼻祖評事府君諱鄰由潤州丹陽
歷亂徙江西永新之逢橋得左坊
家焉禮耕義種奕代相傳一以名
教為重宋紹熙辛亥 利貝公創
脩族譜嗣後繼承代有作者凡七次
清乾隆甲子我滄溟左氏 桓公 彪公
合四郡六邑又繼七脩而八脩謹閱七
脩譜載我
始祖應誠公由逢橋徙湖南湘鄉之
金鳳塅六傳而至
添祐公定居今興讓八都之滄溟前

民国二十八年（1939）《湘乡沧溟左氏九修族谱》源流序

江西永丰县逢桥左氏，与湖南、湖北、安徽、云南、贵州、广东、广西、陕西、四川等地左氏一脉相承，以西晋著名文学家左思写《三都赋》为骄傲，定堂号为三都堂。

湘阴左氏迁长沙左宗棠支系

左宗棠（1812—1885），长沙府人。他在长沙的故居位于今蔡锷北路中段，始建于清咸丰七年（1857），1991 年被改建为长沙服装城。左太傅祠建北正街，在“文夕大火”中被毁。20 世纪 50 年代，在祠堂旧址建立工人文化宫（今第二工人文化宫），只留下原有的假山石。左宗棠墓葬在长沙市雨花区跳马白竹村梅竹山，是湖南省级文物保护单位。

据长沙与湘阴搭界的左家塅《左氏族谱·序》记载，南宋年间，志远公从江西迁来左家塅。二世祖汤盘公为南宋嘉定年间的进士。明朝有心南公进士及第，由唐县知县升辽东监军道，协助兵部尚书熊廷弼管理辽东事务，抗击努尔哈赤的入侵。

左宗棠为心南公九世孙，曾祖父、祖父、父亲都是秀才，都是以教书为业的塾师。

清道光十二年（1832），左宗棠和二哥左宗植参加湖南乡试，双双中举。二哥左宗植考取第一名，拔得解元头筹。他无意官场，在长沙设馆授徒，读书著述，编修族谱。

字辈：志大贡云仲福成，德盛通万有，百事天知应，以定逢人启，宗昭新景焕，垂典玉方来，家肇南湘庆，长培树俊才。

左宗棠抬棺收复新疆

左宗棠与曾国藩、李鸿章、张之洞并称“晚清中兴四大名臣”。清同治十年（1871），俄国出兵占领了新疆的伊犁，西北边疆危机日益严重，左宗棠临危受命，于清光绪二年（1876）年“抬棺西征”，击败沙俄，收复新疆和伊犁。

长子左孝威追随父亲来到大西北，由于水土不服，军中艰苦，又坚持与士兵同吃同住，感染风寒，于清同治十二年（1873）去世，年仅27岁。左宗棠34岁才得这个长子，本寄予厚望。长子过世对他打击很大，他还是强忍悲痛完成收复新疆大业。

清光绪十一年（1885）9月5日，督战中法战争的左宗棠见“不败而败”的局面已不可改，抱恨而终，留下遗言：“臣督师南下，迄未大伸挞伐，张我国威，遗憾平生，不能瞑目。”

左宗棠的家教

2024年5月，在长沙“5·18国际博物馆日”系列主题活动上，晚清名臣陶澍后人郑逢漪捐赠了左宗棠给女婿陶桄的三封手书信件真迹，见证左宗棠的家教。

当年，左宗棠进京会考，三考三败。一介布衣却得到两江总督陶澍的青睐和敬重，并为自己的独子陶桄和左宗棠长女左孝瑜订下娃娃亲。陶澍过世，独子陶桄7岁。左宗棠毅然决然来到安化陶澍老家，一住八年，教导陶桄读书学习，帮助打理家庭事务。

左宗棠长女左孝瑜成年后，与陶桄喜结连理，住长沙市开福区戥子桥“印心石屋”寓所，育有六个儿子：守谦、懋谦、益谦、沩谦、鸣谦、履谦。

左宗棠出征西域收复新疆时，女婿陶桄在湖南为部队筹措军饷和补充兵源。岳父左宗棠过世后，陶桄写有《祭岳父左文襄公》，情深义重。左宗棠对后人的期盼很朴实：“子弟欲其成人，总要从寒苦艰难中做起，多酝酿一代多延久一代也。”

左宗棠题写的家庙联朴实无华，是他们家族教育思想的体现：纵读数千卷奇书，无实行不为识字；要守六百年家法，有善策还是耕田。

长沙左氏

长沙南门口左氏：郕公传二十代祉公，明嘉靖间由永丰县逢桥迁居长沙省城之黄道门即今长沙市南门口，其时有黄道半街之称。明末清初，族人或亡或逸，有惟殿臣公徙居长沙东乡常家冲，有男女丁口4000余人，宗祠在长沙县青云乡左家老屋。

宁乡茅栗铺左氏：郕公传十世伯瑜公于南宋迁湘乡溪口支祖，正本公于明朝嘉靖时又由溪口迁宁乡茅栗铺。清乾隆八年（1743），湘乡和宁乡两地左氏都回江西省永新县逢桥参加八修族谱，字辈相同。清咸丰九年（1859），湘乡与宁乡单独合修九修谱，有曾国藩序。2021年完成十二修。字辈：第泽传辉茂，伦纲重赋都。家规敦孝友，诗礼步韩苏。裕后春秋训，迪前纸贵谟。丹阳源浩远，千载继鸿儒。

长沙王氏

王氏源流

周灵王太子姬晋，因治水向父王直谏，被废为庶民。世人称其为“王”家，后人以“王”为姓。

清朝，湖南“四王”崛起：衡山王夫之、宁乡王文清、湘潭王闿运、长沙王先谦。他们各自修出的族谱都是湖湘文化的一部分，后人效仿的模板。

王夫之带领儿子和侄子修订的王氏族谱《邗江家乘》，收录他写给子、侄书信 10 封，父母行状 2 篇，长兄传 1 篇，自传 1 篇，墓志铭、家训跋、家世节录和若干诗赋。

清乾隆年间，王文清主持编修《宁乡王氏九房通谱》，整合自元末明初“江西填湖广”时，王该二十七代，先后从江西庐陵迁宁乡的兴、忠、荣、庆、用、贵、爱、显、昂九房，分布在宁乡23支、益阳9支、长沙2支共34支王氏支系的通谱。为中国历史上“江西填湖广”大规模人口迁徙保存了丰富的史料。

“四王”谱学成就使湖南从清代至民国，将编修族谱提高到与国史并重的地位，奠定了湖南成为谱学大省的基础。

王文清的家学传承

王文清（1688—1779），字廷鉴，号九溪，宁乡夏铎铺人，历清康熙、雍正、乾隆三朝盛世。清雍正二年（1724）进士，清乾隆元年（1736）钦点担任“三礼馆”纂修官，编纂《三礼义疏》。

48岁的王文清正值壮年，住北京椿树胡同，早出晚归，全身心投入搜遗文渊阁内府藏书，九年没有回湖南老家省亲。他博闻强识，京师流传“记不明，问文清”，称赞他是活字典。《三礼义疏》成书庆功表彰会上，王文清获评“吏部议叙第一”表彰，名动朝野。59岁“以父老乞假终养回籍”，回到长沙，两次被聘为岳麓书院山长。

王文清属于宁乡铜瓦桥王氏，始迁祖王贵于明洪武年间，与儿子王辅从江西征云南，获军功奉旨屯长沙卫中舍，即今宁乡铜瓦桥。

王文清5岁发蒙，24岁中举，36岁中进士。夫人为他生下8个儿子，除第四子早夭，其余都进学考上秀才，第六子中举人，在族谱上单开一房。在宁乡王氏族谱里，王文清制定戒子弟七条。字辈：文运人开，洪猷日展。克慎芳修，用敬盛典。士德茂昭，卿材益显。宝善立名，祖诒云衍。

王文清的第六代孙王日团，是著名的化工专家，退休后就着手开始修族谱。他的手中还保留了王家老屋的手绘平面图及《九溪公遗嘱》等宝贵资料。

王日团的父母亲双双毕业于国立杭州新华艺专。1926年，王日团的父亲王任远受何叔衡校长的聘请，在长沙湘江学校

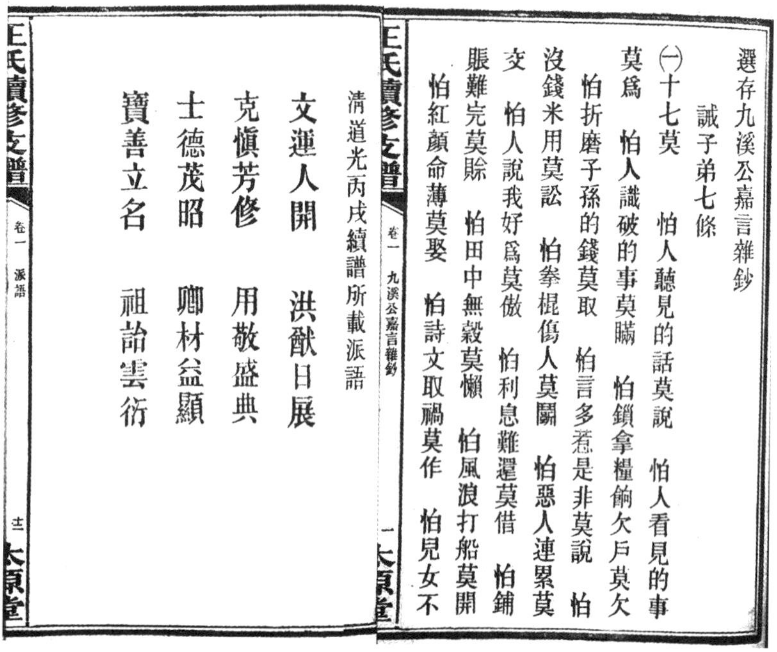

王氏續修支譜　卷一　九溪公嘉言雜鈔　一　太原堂

選存九溪公嘉言雜鈔

誡子弟七條

㈠十七莫　怕人聽見的話莫說　怕人看見的事莫爲　怕人識破的事莫瞞　怕鎖拿糧餉欠戶莫欠　怕折磨子孫的錢莫取　怕言多惹是非莫說　怕沒錢米用莫訟　怕拳棍傷人莫鬬　怕惡人連累莫交　怕人說我好爲莫傲　怕利息難還莫借　怕鋪賬難完莫賒　怕田中無穀莫懶　怕風浪打船莫開　怕紅顏命薄莫娶　怕詩文取禍莫作　怕兒女不

王氏續修支譜　卷一　派語　十二　太原堂

清道光丙戌續譜所載派語

文運人開　洪猷日展

克慎芳修　用敬盛典

士德茂昭　卿材益顯

寶善立名　祖詒雲衍

民国二十二年（1933）《王氏续修支谱》

任教一年。王任远 91 岁时将收藏了 60 多年的何叔衡亲笔签名聘书捐给了湖南省博物馆（现为湖南博物院），并且向湖南图书馆捐赠全套 17 本王氏老族谱。

长沙王氏支系

王氏是长沙的大姓。后唐同光二年（924），王兴一郎携大喜、大韶兄弟，从江西南昌迁浏阳定居。大部分王氏是元末明初“江西填湖广”而来。

望城区沱川荷叶围王氏、史家湖石山塘王氏、九峰山高山垅王氏、涧湖塘王氏都是王霸后裔。王霸字与权，江西省泰和县大江壁人，宋元符二年（1099），为避乱与谭元亮、陈一继、贺真行同携家人迁湖南攸县大坪紫金山。传九世王崇德随湖广镇抚周兴，以攸州兵粮进呈明太祖，授长沙卫镇抚之职，迁居长沙小吴门外，立册48户。后人分布在高塘岭新河村、莲湖社区，谷山大泽湖西塘村，茶亭镇望群村。他们各立祠堂，各修族谱。但是为表示一脉相承，他们使用的字辈相同：启兆万龄，绵衍愈耀。简笃象贤，德先忠孝。树立宏猷，光昭学校。大振本元，家声远绍。

浏阳牒江坡桃花源王氏：始祖鼎山公，封光禄大夫，江西南昌围子洲八斗塅人，南宋建炎年间任广西协镇，迁总兵，至潭州，爱其山水风土，解组后遂家于浏北牒江坡之桃花源。清康熙四十四年（1705）始修族谱，至1949年，国英、国彰、国耀、国高四裔二十一支九修族谱，其时男丁7660人，女口5598人。派语（自八世始）：廷安伯贵，宗泽显扬。克承巨任，德绍祖光。宏猷懋启，继述崇昌。秉敦庆锡，纯土才芳。发荣代盛，名世必彰。文传道学，景运舒长。师贤贤哲，植纪维纲。恢昭先绪，秀甲南湘。

宁乡龙凤山王氏：始迁祖荣公，字景棱，原籍江西吉安府庐陵，明成化间迁浏阳。五派玉和，字贞吉，弃浏迁宁，落业二都龙凤山。派语：礼乐修明定，湘南世泽长。家邦崇道德，忠孝纪文章。

长沙孔氏

孔氏源流

宋国大司马子嘉（字孔父）被杀，其儿子逃往鲁国，以其父亲的字中“孔”为姓。子嘉六世孙孔丘，是中国历史上著名的思想家、教育家，被后世尊称孔子。

孔子第八世孙孔腾由司马迁写进《史记·孔子世家》：“鲋弟子襄，年五十七，尝为孝惠皇帝博士，迁为长沙太守，长九尺六寸。”汉高祖十二年（前195），刘邦到鲁地祭祀孔子，封孔腾为奉祀君，为中国皇帝册封孔子后裔之始。汉惠帝征孔腾为博士，后迁任长沙太守。

孔姓字辈和《孔子世家谱》

孔氏字辈是孔氏家族独特的文化传承，从明朝第五十六代到第一百零五代字辈，依次为官方核定。明太祖朱元璋赐10个字辈：希言公彦承，弘（宏）、闻、贞、尚、胤（衍）。明崇祯皇帝赐10个字辈：兴毓传继广，昭宪庆繁祥。清乾隆皇帝钦定10个字辈：令德维垂佑，钦绍念显扬。中华民国北洋政府核准20个字辈：建道敦安定，懋修肇彝常，裕文焕景瑞，永锡世绪昌。

《孔子世家谱》源自孔子，下及后裔，传承八十余世，绵延2560多年，后人遍居全国，乃至世界各国。明天启、清顺治、清康熙、清乾隆、民国五修族谱，第六次是1996年。孔子第七十七代孙孔德墉会长，设孔子世家谱续修工作协会，得到国家支持。2009年清明节第六修《孔子世家谱》颁发。全谱共80册，2000余万字，录入总人数约200万人。新《孔子世家谱》见证了孔子家族的变迁，增强了华夏民族“血缘同宗、文化同源”的向心力和凝聚力。新家谱对研究儒家学说及人口学、社会学、教育学等方面都具有重要的价值，成为联系全球孔子后裔的纽带，被孔氏族人和社会各界认同。

浏阳金石村孔氏家庙

坐落于浏阳达浒镇金石村的浏阳孔氏家庙是湖南省唯一的孔氏家庙，被列为长沙市文物保护单位，同时也是全国仅存的三座家庙之一，其他两座分别在山东曲阜和浙江衢州。

浏阳孔氏繁衍4800多名孔子后人。据浏阳孔氏宗谱记载，唐朝代宗时，孔子第三十七世孙孔巢父出任湖南观察史。安史之乱爆发，由于战乱道阻，孔巢父的儿子孙瑛无法回归山东曲阜故里，只能带着妻儿老小在平江县城三阳街安家。又传十九代，后人开始迁长沙北山、龙喜、浏阳等地。明洪武六年（1373），孔靖安等人从平江迁浏阳达浒。明万历十四年（1586），族中男丁超过500人。经山东曲阜孔氏来人认定，浏阳孔氏为孔子正宗六十户、十三派之一的第一百零八支，称浏阳派。报请朝廷，对浏阳孔氏赋税实行优免政策，并刻成碑文，保存在家庙里代代相传。

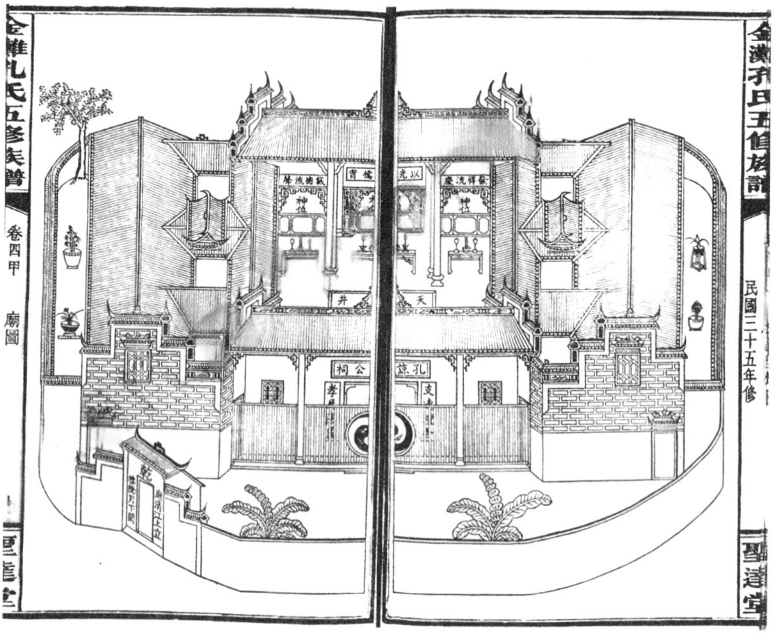

民国三十五年（1946）《金滩孔氏五修族谱》

浏阳达浒镇金石村孔子家庙，始建于明万历十四年（1586），主体建筑包括万仞宫墙、泮池、大成殿、五王殿、巢父公堂、三安堂等，规模宏大，气势雄伟。每年清明节，南方的孔子后人多来此祭祖。

教育家孔昭绶

孔昭绶（1876—1929），字明权，浏阳达浒人，孔子第七十一世孙，先后两次担任湖南省立第一师范学校校长。他顺应新文化运动的潮流，聘请杨昌济、徐特立等名师，培养了毛泽东、蔡和森等一批优秀学生。

孔昭绶改革旧式教育，以人格教育、国民教育、务实教育为宗旨，组建湖南一师学生志愿军，提倡尚武精神，研究军事学术。学校成立志愿军营，下设两个连，毛泽东担任一连上士文书，孔昭绶任总指挥。

民国军阀混战，长沙城内秩序混乱，1918 年春，第一师范学生组织志愿军护校警备队，由毛泽东担任队长，击破了北洋军阀流窜到长沙一部 3000 多溃兵，成功维持了秩序，此事由孔昭绶亲笔记入《一师校志》。

新中国成立后，毛泽东在会见当年湖南省立第一师范师友们时说："我没有正式进过大学，也没有到国外留学，我的知识，我的学问是在一师打下的基础。一师是个好学校。"

长沙孔氏支系

长沙繁佳山孔氏：始迁祖为孔子第六十一世孙宏烈公，明弘治年间（1488），自华容游学长沙，落业长沙东乡明道都新塘坪，生 9 子。三子闻利、七子闻礼、八子文智迁河西新康都二甲沱市，后裔分布在樟树围、革塘、沱市、繁佳山、孔家坨、南湾、茶园山、土蛟湖等处。

长沙范氏

范氏源流

春秋时期，士会担任晋国上卿，食邑封于范邑，后世子孙以封邑“范”为姓。

北宋名相范仲淹的《岳阳楼记》中的“先天下之忧而忧，后天下之乐而乐”激励了无数人建功立业。

范仲淹后裔在长沙

长沙有三支范氏：元至元十年（1273）迁长沙湘春门外居开福寺黑水塘的长沙湘春门范氏；元朝末年从吴县迁长沙河西的江家桥范氏；清朝初年从邵阳迁长沙河西的蛇嘴子范氏。长沙三支范氏都是范仲淹的后裔。

范仲淹的曾孙范直谅于南宋建炎四年（1130）自姑苏宦游来湘，卒于湘阴，葬于衡山。范仲淹十世孙范训清迁居长沙湘春门。范训清的曾孙范兴旺、范兴华于明洪武十一年（1378）又迁往长沙与汨罗市弼时镇（原湘阴一都）交界的汉家山定居。其中兴华育两子：添政、添儒。派语：兴添以单召，景德明朝廷。达圣承新瞻，奇敏嗣源腾。在钟湘树炳，培锦泽枝勋。至镜深来焕，均钦润本荣。

我国近现代教育先驱范源廉、中国化学工业之父范旭东兄弟，是范添政的十七世孙，世称“范氏双杰”。

范源廉、范旭东的曾祖父范骥（1797—1870）在清道光八年（1828）中举，曾任直隶高阳、新城知县，在长沙县定居，逝世后葬长沙县安沙镇新华村土地湾。范氏双杰的母亲谢氏出自长沙河西白泉谢氏，她父亲谢柘村是太学生，兄谢锡蕃是监生，累功保候补知县，加同知衔。

“教育先驱”范源廉

范源廉（1876—1927），字静生，中国近现代著名教育家，一生致力于教育救国。在中国近现代教育转型中，他是国家教育规划的重要主持者，教育改革家，曾任清廷学部主事、京师大学堂正督学，主持清华学堂初创期校务，参与创办南开大学，创办法律学校等。

范源廉三次任北洋政府教育总长，主持厘定的壬子癸丑学制是中国现代学校系统构建的重要蓝本。他与黄炎培、蔡元培、梁启超等创办“中华职业教育社”，要“使人人有独立自营之能力”，开中国近现代职业教育的先河。在日本留学时就“首先发明了速成师范”（鲁迅语），在教育部任上颁布“师范教育令”，是北京师范大学首任校长。著名教育家余家菊称誉他为“师范教育之父”。

“工业先导”范旭东

范旭东（1883—1945），谱名范源让，中国化工实业家，创办“永久黄”团体，建立当时世界一流科技实力的企业集团，奠定了中国化学工业的基础。

范旭东早年随兄留学日本，毕业于京都帝国大学化学系，在天津、山东、南京、上海、四川、重庆等地办企业的过程中创造了几十项中国、亚洲、世界第一，享誉全球。范旭东一生追求“科学救国、实业报国”。

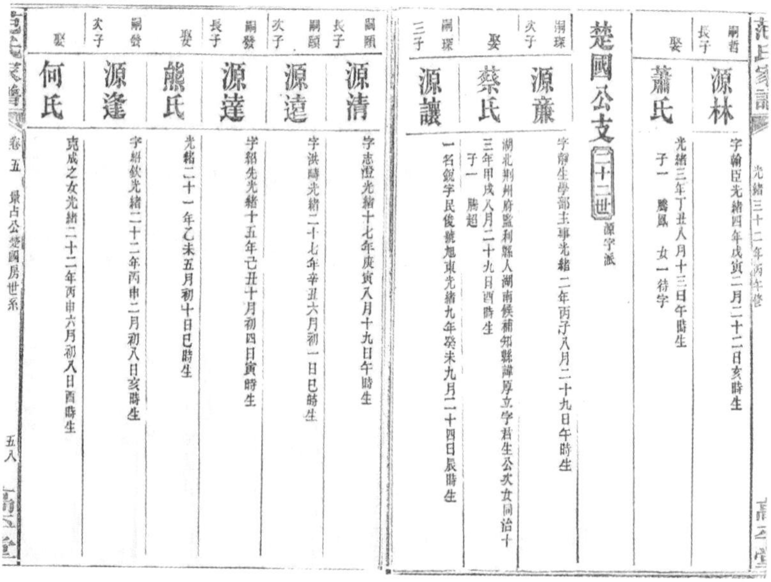
范氏家譜　光緒三十二年丙午修

嗣哲長子　源林　字翰臣光緒四年戊寅二月二十二日亥時生
娶　蕭氏　光緒三年丁丑八月十三日午時生　子一　騰鳳　女一　待字

楚國公支　二十二世　源字派

嗣琛次子　源廉　字靜生學部主事光緒二年丙子八月二十九日午時生
娶　蔡氏　湖北荊州府監利縣人湖南候補知縣諱厚立字君生公次女同治十三年甲戌八月二十九日酉時生　子一　騰超
嗣琛三子　源讓　一名銳字民俊號旭東光緒九年癸未九月二十四日辰時生

嗣頤長子　源清　字志澄光緒十七年庚寅八月十九日午時生
嗣頤次子　源遠　字洪疇光緒二十七年辛丑六月初一日巳時生
嗣發長子　源達　字紹先光緒十五年己丑十月初四日寅時生
娶　熊氏　光緒二十一年乙未五月初十日巳時生
嗣發次子　源逢　字紹欽光緒二十二年丙申二月初八日亥時生
娶　何氏　克成之女光緒二十二年丙申六月初八日酉時生

卷五　景占公楚國房世系　五八

清光绪十二年（1886）《范氏家谱》范旭东齿录

1914年，范旭东在天津创办久大精盐公司，邀集从美国留学回国的长沙县同乡余啸秋、余剑秋兄弟，邻居和表亲阎幼甫、李国钦、龚饮冰、李维城、杨运珊入股，生产出中国本土第一批精盐，改变了中国人吃“土盐”的历史。

1917年创办永利制碱公司，成为亚洲最大、最先进的碱厂，生产的“红三角”牌纯碱获世界博览会金奖，产品销往日本等国，并为南非、巴西、印度提供技术援助；1922年创办黄海化学工业研究社，研发出中国第一批磷肥、钾肥等，同时培养了大批化工研究人才。

1934 年，范旭东提炼出“永久黄”团体四大信条：“我们在原则上绝对相信科学，我们在事业上积极地发展实业，我们在行动上宁愿牺牲个人顾全团体，我们在精神上以能服务社会为最大光荣。”范旭东注重管理创新，公司实行现代公司股份制架构和现代会计制度。首次提出建立企业精神和企业文化，实行以人为本的人事管理和工资福利制度。率先实行八小时工作制。

1945 年范旭东去世，正在参加重庆谈判的毛泽东亲笔为他题写挽联：“工业先导，功在中华。”1953 年 12 月全国政协会议期间，毛泽东主席回顾中国民族工业发展时说：“讲化学工业，不能忘记范旭东。”

长沙范氏支系

范仲淹的第五世孙范健在宋度宗年间出守荆湘，守樊城。宋咸淳九年（1273），范健与金兵作战殉节，子孙居宁乡一都尧口冲、竹塘、八家桥一带。望城区江家桥范氏始祖秀宗于明朝永乐年间，由苏州吴县任长沙守备落业长沙，住望城东门冲江家桥一带。旧派：秀仁世德宏，源龙思国纯。光增荣朝阳，应达永昭明。续派：文诚传后代，志楚起家声。礼义诗书裕，修齐学道成。贤良端政治，俊杰振功名。继序恢先业，安邦乐太平。

河西望城蛇嘴子范氏于清乾隆年间，从邵阳隆回迁望城区白箬铺镇金峰村蛇嘴子。2018年，《长沙蛇嘴子范氏族谱》的《序言》用中、英文撰写，让海外范氏族人都能看懂，不忘根在中国长沙。字派：德基培修华国，嗣芳贤才钦仰。庆泽隆昌帅时，昭考举能其官。

长沙谭氏

谭氏源流

周朝姒姓的一支封于谭国。春秋初期，齐桓公称霸诸侯，吞并了谭国，故国子民，以谭为姓。

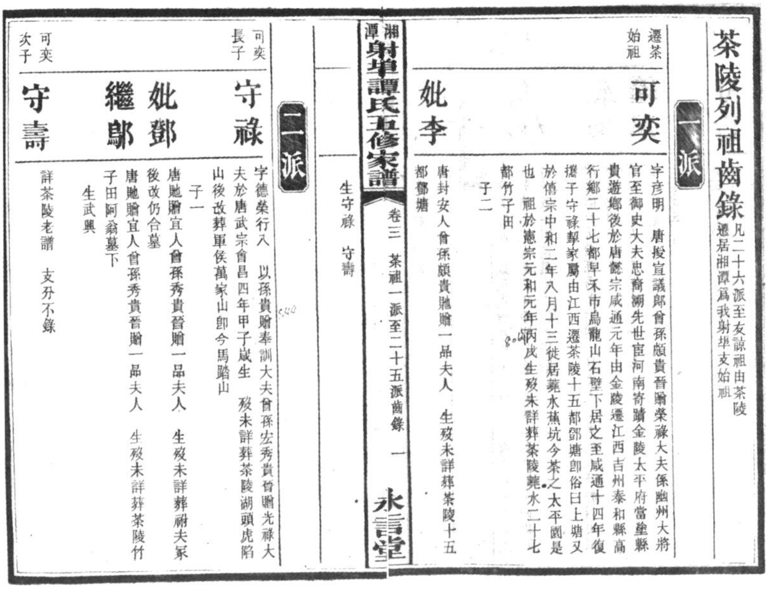
茶陵列祖齒錄 凡二十六派至友諒祖由茶陵遷居湘潭爲我射埠支始祖

一派

遷茶始祖 可奕

字彥明 唐授宣議郎曾孫頎貴晉贈榮祿大夫係幽州大將官至御史大夫忠裔湖先世宦河南寄籍金陵太平府當塗縣貴遊鄉後於唐懿宗咸通元年由金陵遷江西吉州泰和縣高行鄉二十七都早禾市烏龍山石壁下居之至咸通十四年復攜子守祿挈家屬由江西遷茶陵十五都鄧塘郎俗曰上塘又於僖宗中和二年八月十三徙居堯水蕉坑今茶之太平鄉是也 祖於憲宗元和元年丙戌生歿未詳葬茶陵堯水二十七都竹子田

子二

妣李

唐封安人曾孫頎貴貤贈一品夫人 生歿未詳葬茶陵十五都鄧塘

生守祿 守壽

湘潭射埠譚氏五修家譜 卷三 茶祖一派至二十五派齒錄 一 永言堂

二派

可奕長子 守祿

字德榮行八 以孫貴贈奉訓大夫曾孫宏秀貴晉贈光祿大夫於唐武宗會昌四年甲子歲生 歿未詳葬茶陵湖頭虎陷山後改葬軍侯萬家山郎今馬踏山

子一

妣鄧

唐貤贈宜人曾孫秀貴晉贈一品夫人 生歿未詳葬祔夫冢後改仍合墓

繼鄔

唐貤贈宜人曾孫秀貴晉贈一品夫人 生歿未詳葬茶陵竹子田阿翁墓下

生武興

可奕次子 守壽

詳茶陵老譜 支分不錄

民国三十年（1941）《湘潭射埠谭氏五修家谱》齿录

唐咸通四年（863），谭可奕由江西泰和县高行乡早禾渡到长沙任刺史，定居茶陵邓塘。可奕公有三子十八曾孙，曾孙是谭氏宏字辈，俗称“十八宏郎”，也称为谭氏“三进十八宏”。他们的后代又陆续迁移湖南各地，之后向四川、云南、贵州、广东、广西，以及东南亚迁徙。如今，很多谭姓族人都是谭可奕后裔。

清末民初茶陵高垅出现了谭仲麟、谭延闿、谭泽闿“一门两进士、父子三书家”的盛况。清朝“戊戌六君子”之一的谭嗣同出自浏阳梅花巷谭氏。他们都曾在长沙生活，是近现代叱咤风云的谭氏人物。

谭延闿颁布政令在祠堂办学兴教

茶陵石床谭氏，一世祖世勣公，字元勋，南唐进士，巡抚江西，卒葬泰和。至十三世卿潜，讳君介，号子龙，明隆庆万历年间由永新城南迁居茶陵高陇镇石床。两广总督谭钟麟为三房第十五世孙，子延闿，曾任湖南省政府主席、国民政府主席兼行政院院长。排行（自第八世始）：启永绍士，谭世之作。斯文相传，其兆可卜。上光宗祖，太振家学。孝友行修，书策信笃。敦敏思勤，防检由约。仰维德范，敬慎亲睦。

谭延闿主政湖南期间提倡利用宗族祠堂办学，得到各姓氏拥护，湖南累计新增小学一万多所，是全国小学最多的省份。翻开湖南民国的姓氏族谱，有别于其他省份的显著特点：增加一卷《族校志》。记载1912年民国政府成立后，各姓氏响应省府号召，积极在祠堂兴办族学。家族捐出学田，以为学校资产和经费保障。《族校志》详细记录了族校校董会名单，族校财务管理制度，历年各科老师的名单，包括老师性别、毕业学校，所教课程开设情况，历届学生名单，省府对办学的《嘉奖令》。族谱里的《族校志》是研究长沙教育、人才史的珍贵文献。

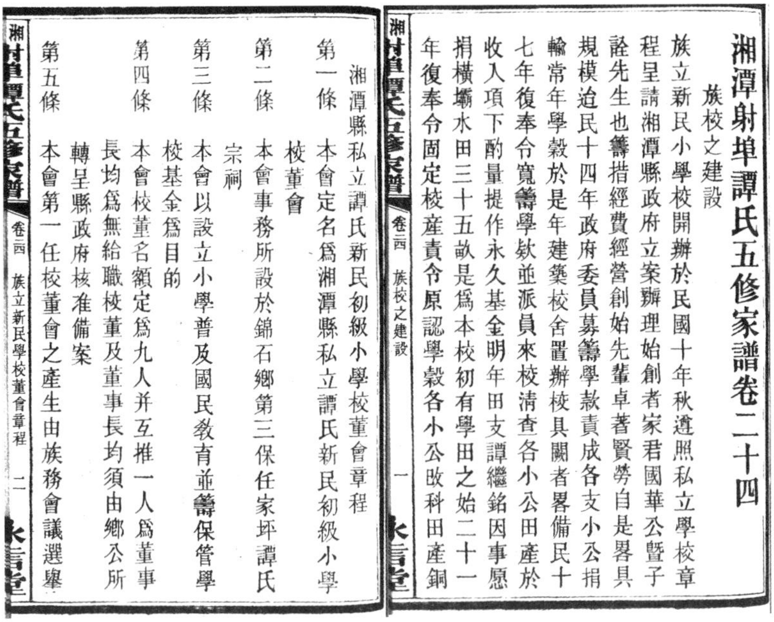
湘潭射埠譚氏五修家譜卷二十四

族校之建設

族立新民小學校開辦於民國十年秋遵照私立學校章
程呈請湘潭縣政府立案辦理始創者家君國華公暨子
詮先生也籌措經費經營創始先輩卓著賢勞自是畧具
規模迨民十四年政府委員募籌學款責成各支小公捐
輸常年學穀於是年建築校舍置辦校具闕者畧備民十
七年復奉令寬籌學欵並派員來校清查各小公田產於
收入項下酌量提作永久基金明年田支譚繼銘因事愿
捐橫壩水田三十五畝是爲本校初有學田之始二十一
年復奉令固定校產責令原認學穀各小公畋科田產銅

湘射埠譚氏五修家譜　卷二十四　族校之建設　一　永言堂

湘潭縣私立譚氏新民初級小學校董會章程

第一條　本會定名爲湘潭縣私立譚氏新民初級小學校董會

第二條　本會事務所設於錦石鄉第三保任家坪譚氏宗祠

第三條　本會以設立小學普及國民教育並籌保管學校基金爲目的

第四條　本會校董名額定爲九人并互推一人爲董事長均爲無給職校董及董事長均須由鄉公所轉呈縣政府核准備案

第五條　本會第一任校董會之產生由族務會議選舉

湘射埠譚氏五修家譜　卷二十四　族立新民學校董會章程　二　永言堂

民国三十年（1941）《湘潭射埠谭氏五修家谱》族校志

在长沙谭氏族校中最有名的是浏阳谭嗣同的夫人李闰等人创办的浏阳师范学校。这所学校自创办以来，经历了多次变迁和发展，最终发展为现在的长沙职业技术学院。李闰的办学理念超前，曾经的浏阳女子学校还聘请她担任名誉校长。

长沙谭氏支系

九峰山翔凤桥谭氏居住在望城区茶亭镇谭家园等地。始迁祖谭必达公携四子大光、大伏、大仕、大奇，由江西南昌斗门开基长沙。元末明初，朱元璋与陈友谅大战，大光公偕弟勤王，军驻湖南长沙于湘春门外。大光公、大奇公落籍临湘都板桥、马缰湖、谭公塘，即今天的高塘岭附近。大伏公落业大头，大仕公落业谭家坝，后同迁九峰山翔凤桥梅园冲，后改名谭家园。宗祠位于长邑临湘都九峰山翔凤桥梅园冲，今属亭镇谭家园村。现存有清乾隆五十一年（1786）《谭氏梅园族谱》，已传30代，3万多人。老字派：必大德，为肇百。世继敏学从，孔文逢显达。忠信传家法。新续字派：先泽贻承允，新枝衍庆长。振声昭孝义，辅国尚循良。

长沙望城、浏阳、宁乡分布多支谭氏，如长沙谷山谭氏、云盖谭氏、朱塘茅园峙谭氏、文津谭氏、浏阳浦梓谭氏、宁乡河头冲谭氏、晒谷石谭氏。

长沙袁氏

袁氏源流

西周，陈国开国陈胡满公后裔伯爰之孙涛涂，以祖父名字中“爰”为姓。爰、辕、援、袁同音通用，后演化为袁。袁涛涂是袁姓立姓始祖。

浏阳周洛洞袁氏、宁乡袁家河袁氏都是于后唐同光二年（924）由江西泰和迁潭州。俊辅公于后唐同光年间由江西庐陵十三都铁树观直接迁居浏阳周洛洞。宁乡袁氏公镇、公亮兄弟是唐朝袁天罡九世孙，后唐同光二年（924），兄弟俩先入潭州茶陵东山，后迁宁乡土桥。公亮五子光五郎改迁湘乡案山、隆回高坪，分布在湖南、广西、贵州、四川、重庆，成为南方最大的一支袁氏支系：高坪袁氏。

宁乡袁家河袁氏

宁乡袁家河袁氏是一支以经营军用物资起家的大族。沩水是宁乡母亲河，袁家河是沩水的别称，得名来自袁氏。宋朝袁文珊，讳公镇，应朝廷招募天下豪杰标管开产业，中标了军用物资鱼油的专营权。鱼油是涂在弓箭表面，防止用力开弓时开裂，保证射程和杀伤力的军用物资。他把两兄弟所有的土桥产业让给弟弟，自己迁到宁乡曹碑市永积桥沩水安家。因为袁家的积极经营，鱼油产业成为长沙宋元明清四朝的重要产业，袁家河袁氏迅速成为长沙巨富。第十世袁仕文，字焕卿，南宋淳熙五年（1178）姚颖榜进士，官至吏部侍郎。

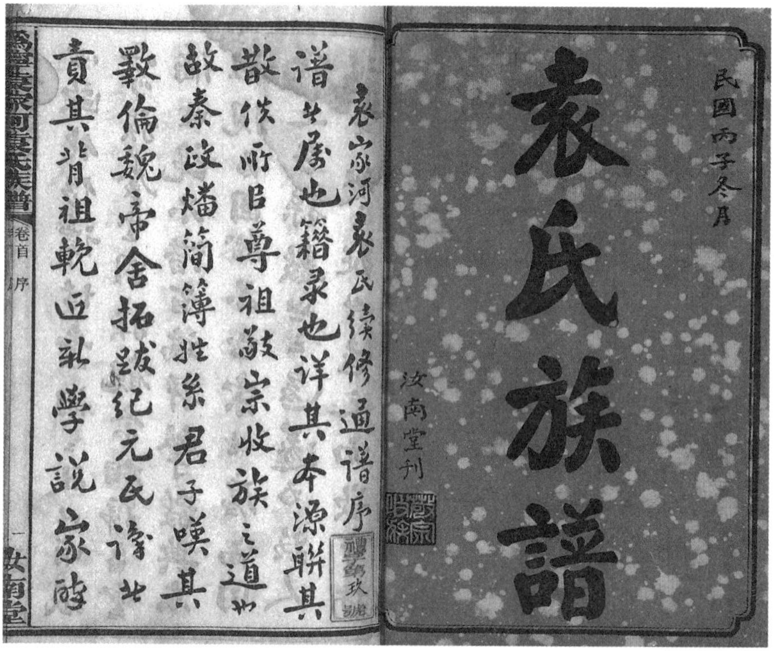

民国二十五年（1936）《沩宁袁家河袁氏族谱》

1987 年，袁家河大桥建成，桥上川流不息的车轮代替了往日江上木船。但这些历史沉淀在袁家人的族谱中。

袁家河袁氏 60 个字的派语：文万曰晏余，光丹和显仕。盛治广抡才，峻德宏经济。志继祖胜绍，景廷明大贤。嘉邦仁必庆，恩彦可存宣。应朝怀惠泽，高第喜升迁。思先昌以达，道义永流传。

长沙袁家岭与道林袁氏

道林袁氏为黄改袁。始祖黄宗仁，字文仲，号瀚仙，原籍江西南昌府丰城县茶市，元至正二十六年（1366）进士。因元末乱世，乃避乱湖广衡州府衡阳县迎波桥，改姓袁。至明朝定鼎，天下太平，复迁长沙市湘春门外盐仓街及袁家岭。后在长沙河西都十甲道林桥，今丁字湾街道双桥村置田落业。后裔散居新桥、道林桥、天井山、团山坪等处。字辈：宗志必人，崇万时尚。嘉以一开，国成洪绪。兴贤肇庆，世泽大昌。家声克振，孝友启光。

袁隆平荣任《中华袁氏族谱·湖南卷》顾问

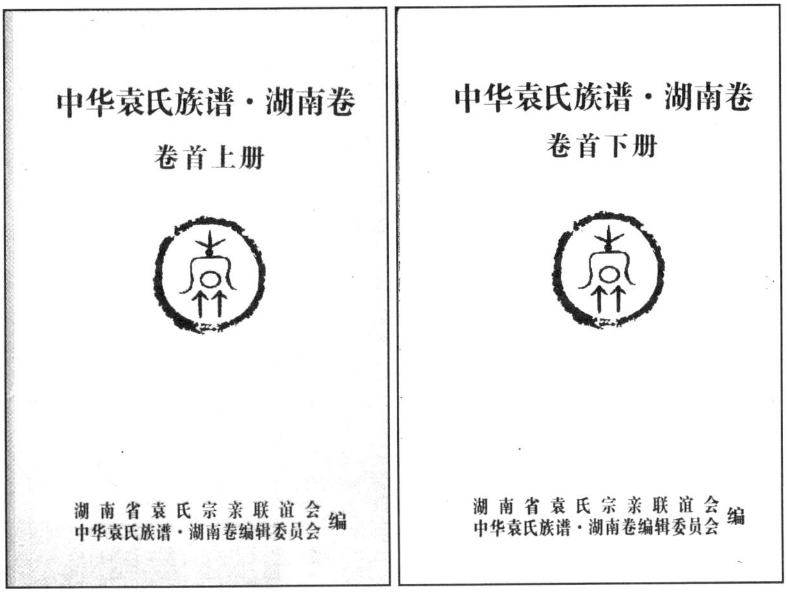

2018 年《中华袁氏族谱·湖南卷》

世界杂交水稻之父袁隆平（1930—2021）。1999 年，经国际小天体命名委员会批准，将国际编号 8117 号小行星命名为“袁隆平星”。他也是一颗谱牒学灿烂的星星，在他的带领推动下，湖南袁氏不辞劳苦奔走收集，历时11年编撰出《中华袁氏族谱·湖南卷》。2011年11月11日，在湖南农业大学新农大酒店二楼举办“首届湖南袁氏族谱展览”，湖南省各地的袁氏带来130多部族谱参加展览。安化县清塘袁氏等3部族谱荣获“最佳编修奖”。浏阳青草袁氏、安化上马袁氏荣获“最佳族谱珍藏奖”。

2018年，袁氏族谱湖南卷颁发，将湖南图书馆编撰的《湖南姓氏源流》统计的64支袁氏增加到300多支，是袁氏的寻根宝典。

袁隆平自诩长沙人，实为江西九江德安西园袁氏迁长沙的一房。祖父袁盛鉴晚清举人，维新人士。父亲袁兴烈，毕业于国立东南大学中文系。母亲华静，毕业于英国教会学校。这个中西文化合璧的家庭，骨子里认同传统文化，重视族谱，他们的字辈是：大茂昌繁盛，兴隆定有期。敬承先贤业，常遇圣明时。

袁隆平名字里的“隆”即是字辈，他按照族谱字辈给儿孙取名。他认为字辈文化让后代得到更好的繁衍和优生优育，与他研究杂技水稻的父本、母本一样重要。

长沙袁氏支系

长沙黄沙港袁氏：始迁祖志荣公，字世华，号汝衮，明洪武十五年（1382）由江西丰城迁垦湖南益阳县桃花港，明洪武二十五年（1392）复迁长沙县新康镇之格塘中珠洲（黄沙港）。总祠设长沙市西长街。清乾隆二十一年（1756）、清嘉庆二十一年（1816）、清咸丰十年（1860）、清光绪十六年（1890）、1917年、1948年修族谱。至1948年，已传19代，共7000余人。派语：仕之铭泰常，先泽允书长。忠孝光家国，文明继世昌。

浏阳东门袁氏：始迁祖景奇公，原籍江西丰城县，明正德年间为避征徭役来浏东濠溪，以设馆授徒为生涯，旋徙居东门市。清乾隆十八年（1753）三修、清咸丰十一年（1861）四修、清宣统二年（1910）五修、1938年六修族谱。派行：仕淑可祐，以子景恢。如春道有，世盛益隆。家贤从化，师正惟成。由理宗文，名镇长安。忠清贵显，拱立朝端。

长沙姚氏

姚氏源流

姚姓出自五帝之一的舜帝，舜帝生于姚墟，其后代便以地为氏，称为姚氏。

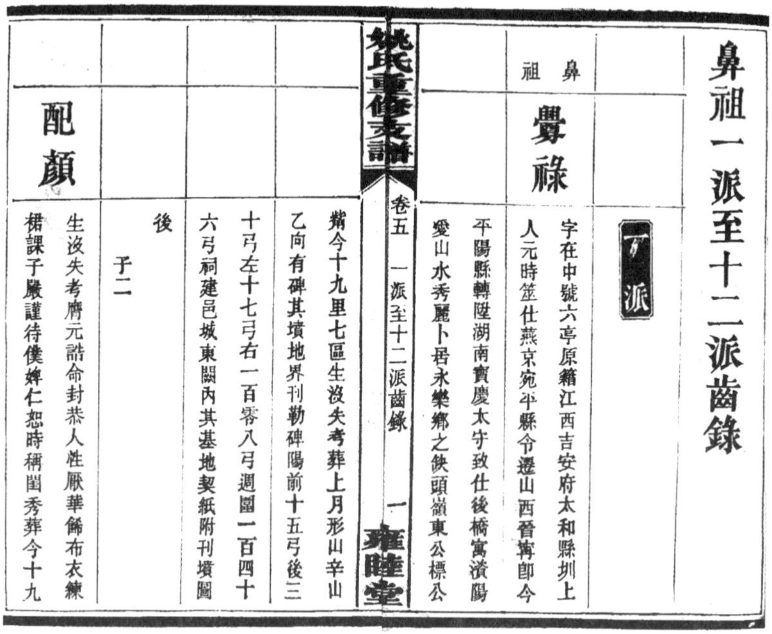
鼻祖一派至十二派齒錄
一派
鼻祖
豐祿
字在中號六亭原籍江西吉安府太和縣圳上
人元時筮仕燕京宛平縣令遷山西晉寧郎今
平陽縣轉陞湖南寶慶太守致仕後僑寓資陽
愛山水秀麗卜居永樂鄉之缺頭嶺東公標公
姚氏重修支譜 卷五 一派至十二派齒錄 一 雍睦堂
嵛今十九里七區生沒失考葬上月形山辛山
乙向有碑其墳地界刊勒碑陽前十五弓後三
十弓左十七弓右一百零八弓週圍一百四十
六弓祠建邑城東關內其基地契紙附刊墳圖
後 子二
配
顔
生沒失考膺元誥命封恭人性厭華飾布衣練
裙課子嚴謹待僕婢仁恕時稱閨秀葬今十九

民国八年（1919）《姚氏重修支谱》鼻祖齿录

长沙望城区姚氏来自益阳下梅塘姚氏，始迁祖六亭公。六亭公原籍江西吉安府泰和县圳上，初官顺天府宛平县令，后转山西晋宁治中，升湖广宝庆太守，诰授中宪大夫，致仕退休后寓居资阳永乐乡缺头岭标公嘴。益阳姚氏有两支迁往望城区。在明朝嘉靖年间，六亭公七世孙志魁迁长沙茶亭镇静慎村绿豆园。在清道光年间，六亭公十八世孙国钦携子运镶迁长沙靖港镇高桥村格塘。

长沙姚氏的学风

望城区茶亭镇静慎村姚氏、格塘姚氏 1919 年合修《长湘姚氏谱》。字辈：禄承贞福顺，念思永志廷，忠正清泽逢。长开其元本，教育振家声。守道如珍友，敦行自景行。

1919 年，五四运动标志新旧时代的变换，姚氏族人与时俱进，制定出翔实可行的广教育、奖毕业、务实业的学规，至今仍然不过时，并且培养出新技术的顶尖人才。

广教育：教育为强国基础。欲谋普及，首在小学。我族人丁繁衍，限在祠设一初等小学校，除酌收学费外，其用度归祠核实津贴。子弟达入学年龄，责令父兄送入小学。小学毕业最优者按次升入。如系无力之家，由亲属资助或由该支公款津贴，毋使半途废学。若子弟性质椎鲁，亦宜使略知学计，教以粗浅工艺，俾得自谋衣食，诚以成年之后即属公民对于国家均负责任，不得不预为教育，以培成其资格。

奖毕业：前代求人才于科举，现在求人才于学堂。科举获选，例有奖劝。学堂毕业，何独不然。今后族中子弟高等小学毕业，奖钱拾伍串；中学与中学同等资格毕业，奖钱叁拾串；大学与大学同等资格毕业，奖钱陆拾串。余概不奖，永定为例，但发迹后须捐廉入祠，以昭报本之意。

务实业：近日生活程度日高，非讲求实业不足以谋衣食。

农工商贾均实业之一端，或不此之务，游手好闲，流为邪侈，该父兄立即鸣祠斥责，务使悛改。倘知情故纵，该父兄亦不能辩其咎。

十年树木，百年树人。长沙姚氏正确的教育观念培养出清华航天领域优秀学子姚颂、入选“华为天才少年计划”的姚婷等。

姚氏湖湘家风馆

2018 年，姚氏族人在望城区茶亭镇静慎村，原长邑临湘都七甲白鹤沚绿豆园姚氏宗祠旧址上，建湖湘家风馆。

该姚氏宗祠于清乾隆六十年（1795）创建，清咸丰七年（1857）重修。1949 年前，一直在祠堂办家族小学，进行免费初小教育。1958 年，祠堂分给姚氏族人居住。

改革开放，人们生活日益富裕，姚氏把建祠堂进行家风家教提上重要议程。他们举全族之力，在原址上修建了一座祠堂。我们走进静慎村，能看到绿树环绕、花团锦簇、浓荫蔽日中白墙黛瓦、古色古香的姚氏宗祠。

静慎村依托姚氏文化，在祠堂内建舜帝馆、村史馆、乡贤馆、人才馆、雷锋馆。

舜帝馆弘扬孝文化。姚氏先祖舜帝姚重华，中华民族的人文初祖，孝文化的源头。舜帝馆宣传孝老爱亲，孝敬父母，爱护孩子。

村史馆展示不同时期静慎村的图片，介绍村里各姓氏团结奋斗，艰辛创业，建好垸子，战胜洪水，建设美好家园的历史。

乡贤馆展示历届村民评选出的父子乡贤、兄弟乡贤、夫妻乡贤。他们是致富带头人，回乡建设者，勤俭持家的人。

雷锋馆展示在村“两委”领导下，村民组建了雷锋志愿服务队、红白理事会、环境卫生理事会、六老宣讲团、军人抢险队、兴学堂、快乐静慎健康协会等。望城区是雷锋的故乡，这里处处能感受到身边的“湖南好人”“活雷锋”的温暖。

静慎村移除旧祠堂一姓一族的风俗，注入时代文化新元素，举办家风文化讲座，吸引长沙周边的人们去参观学习。静慎村成为全省的家风文化建设新标杆。

长沙姚氏支系

浏阳谢家冲姚氏：始迁祖若海公，清康熙年间，自萍乡东姚家洲竹叶冲迁此。

长沙文氏

文氏源流

周文王姬昌是周朝的奠基人，死后被追谥为“文王”。他的子孙中有以他的谥号“文”为姓。

南宋端平元年（1234），江西永新县固塘木马冲善吾、善端两兄弟迁长沙。善吾落业宁乡流沙河，善端落业长沙新康。明朝初年，又有江西文天祥的后裔，从吉安市青原区富田镇迁长沙岳麓山西杨林冲。

民族英雄文天祥曾担任湖南提刑官，在长沙留下了很多诗文和事迹。2024 年 10 月，江西省吉安市青原区文化广电旅游局在长沙举办“一日青原一世情缘”文化交流活动，从文天祥故里小镇富田景区到星城长沙，追寻民族英雄文天祥的故事。长沙文氏也多次组织去吉安富田镇文天祥故里祭祖。

文天祥在长沙

文天祥（1236—1283），字宋瑞，21 岁高中状元，抗元英雄。南宋咸淳九年（1273），36 岁的文天祥被任命为湖南提刑官。国史上只记录他勤于政事，处理了长沙大批积案，留下《与友人泛舟湘江》诗，留下的“廉”“节”二字石碑至今仍保存在长沙师范附小旧址内。

国史上说文天祥在长沙为官一年就离职，匆匆赶回家乡招兵买马抗元，试图收复大宋失地。实际上他在长沙就开始为抗元做准备，招了第一批长沙子弟兵。这在张栻的宁乡、益阳、安化、沅江后人《张氏时安公裔光派房谱》中有记载。张栻曾孙镗公响应文天祥抗元号召，散家财，在宁乡、安化、益阳募兵数千。

长沙是文天祥起兵抗元的第一站。整整十年，他在各地组织抗元活动，最后在广东的五坡岭被俘，被押至元大都囚三年，面对威逼利诱誓死不屈，从容就义，终年47岁。“人生自古谁无死，留取丹心照汗青。”

湖南文氏学风淳厚

明朝初年，文天祥第八世孙文丙一、文丙二、文丙三兄弟，从吉安富田迁长沙府。丙一落业益阳紫梁岩，丙二落业攸县沙陵坡，丙三落业善化杨林冲。族谱始修于明万历十八年（1590），至1931年七修。状元后人，注重教育。清朝咸丰年间，为方便文氏子弟学习和赶考应试，集合善化、醴陵、湘潭、宁乡、益阳、攸县和衡山七县文姓，筹集巨资，在长沙市藩城堤买宅设会馆。字辈：常守先德，光大前哲。惟善锡福，孝友忠烈。英贤蔚起，名振楚泽。前修登仕，经纶华国。

《文氏七修族谱》记载了七县建会试馆捐款数目：益阳捐银九百两，善化捐银八百两，铜官捐钱一百串，白田铺捐银四十两二钱八分，攸县捐银七百零一两八钱四釐，湘潭捐银七百两，衡山宝公捐洋银四百四十八元，蓬公捐洋银八十九元八角，醴陵东堡捐钱三百串，石羊捐洋银二百元，宁乡捐钱四百串。从各县文氏捐款态度、数目中可以看出文氏对教育的重视程度。

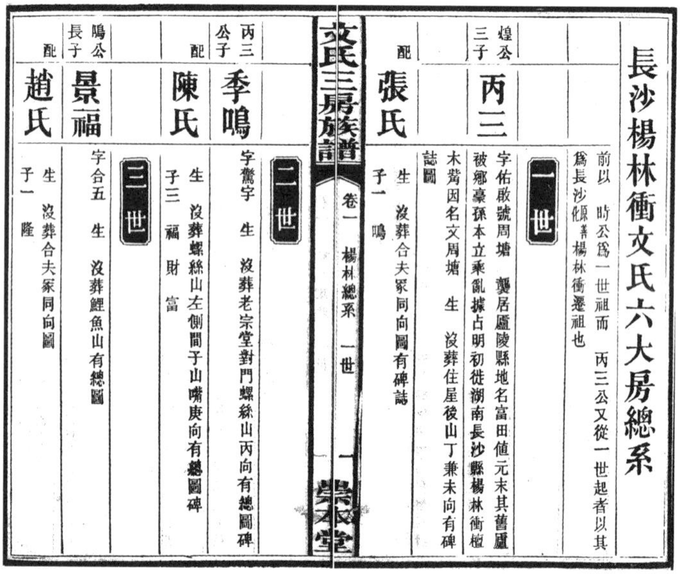
長沙楊林衝文氏六大房總系

前以 時公爲一世祖而 丙三公又從一世起者以其爲長沙原籍楊林衝遷祖也

一世

煌公三子 丙三

字佑啟號周塘 襲居廬陵縣地名富田值元末其舊廬被鄉豪孫本立乘亂據占明初徙湖南長沙縣楊林衝樹木蔫因名文周塘 生 沒葬住屋後山丁兼未向有碑誌圖

配 張氏

生 沒葬合夫冢同向圖有碑誌 子一 鳴

文氏三房族譜 卷一 楊林總系 一世 崇本堂

二世

丙三公子 季鳴

字鷟宇 生 沒葬老宗堂對門螺絲山丙向有總圖碑

配 陳氏

生 沒葬螺絲山左側間子山嘴庚向有總圖碑 子三 福 財 富

三世

鳴公長子 景福

字合五 生 沒葬鯉魚山有總圖

配 趙氏

生 沒葬合夫冢同向圖 子一 隆

民国二十年（1931）《文氏三房族谱》总系

淳厚的学风孕育出清末革命志士文经纬。他在东渡日本求学期间投身同盟会，归国后历任湖南警察局长等职，以铁骨铮铮反对袁世凯称帝。惜四十岁时惨遭军阀毒手，其短暂一生恰似先祖文天祥般闪耀着浩然正气。尤为可贵的是，文经纬在岳麓后山私宅创办的厚生会计讲习所，不仅延续着文氏家族“名振楚泽”的教育理想，其发展脉络更见证了时代变迁——1951年更名为湖南厚生会计学校，经1985年升专科、2010年升本，终成今日湖南财政经济学院，恰如族谱所载“经纶华国”之期许。

2018年，文氏在白箬铺新建总祠“正气堂”。在文氏总祠落庆典活动现场，文氏后人纷纷背诵老祖文天祥的《正气歌》，铿锵有力，洪亮的声音久久回荡在宗祠祖堂内。祠堂是一个载体，凝聚宗亲，教育后人，传承文氏优良家风，弘扬正气。

长沙文氏支系

长沙东乡文家塅文氏：始祖善端公由江西落业长沙新康，于明万历年间由河西迁潮宗门，再迁白沙河，三迁长沙东乡鼎公桥（今称文家塅），衍为九大房。派语（以固清公为一世，自十五世始）：师圣希贤，承家辅国。世济其美，克光祖泽。仁孝立本，德义允全。发名成业，福祜万年。

宁乡文家冲文氏：始迁祖旃公，字励宽，江西永新人，南宋端平元年（1234）宦游来湘，开基于宁乡文家冲。族人分布于益阳、湘乡、沅江、汉寿、安化及四川、广西、陕西等地，总祠在宁乡流沙河镇赵家湾。元至正十年（1350）与江西永新固塘合修族谱为一修，明永乐五年（1407）与固塘二修，明隆庆六年（1572）后开始独自三修，清雍正十年（1732）四修，清乾隆四十五年（1780）五修，清道光六年（1826）六修，清咸丰十一年（1861）七修，清光绪二十一年（1895）八修，1925年九修，1949年十修，2005年十一修。字辈：绍复廷承尚，崇俎维乾万。兴家世有光，海邦隆盛德。永试进忠良。

长沙瞿氏

瞿氏源流

商朝国君武乙，姓“子”名“瞿”，武乙是瞿姓的起源。

长沙瞿氏始祖伯福公，明洪武年间以神武卫百户从醴陵始迁长沙岳麓之西。清同治九年（1870）始修家乘，清光绪十年（1884）、清光绪三十三年（1907）、1934年多次续修。班行（自五世起）：应运文明，鸿宣祖泽。善余孚佑，代永名芳。咸式孝恭，诗书宝训。聿崇功业、克绍荣徽。

瞿鸿禨、瞿宣颖父子出自这个支系，他们主编了《长沙瞿氏族谱》《长沙瞿氏家乘》《长沙瞿氏丛刊》。

瞿鸿禨父子与齐白石画作《超览楼禊集图卷》

瞿鸿禨（1850—1918），字子玖，号止庵，晚号西岩老人，清末任军机大臣、内阁协办大学士，谥号文慎。因支持新政与君主立宪，遭到参劾，慈禧太后将他遣回原籍长沙。其子宣颖（1893—1973）字兑之，号蜕园，曾国藩的外孙女婿，担任过北洋政府内阁总理秘书长、国史编纂处处长、印铸局局长等职。致力于古籍整理校勘，著有《人物风俗制度丛谈》《中国社会史料丛钞》等。

瞿鸿禨回长沙后，在湘江边的潮宗街建起豪宅，有息舫、虚自簃、超览楼、湛思堂、赐书堂等楼阁，美名为“瞿相府”。一栋三层楼的超览楼，成为长沙名流聚会的中心。榜眼黄自元、帝师王闿运、岳麓书院山长王先谦等名宿大儒，谭延闿、谭泽闿兄弟，赵恒惕、曹典球等民国政坛新星常常为座上客，吟诗作对，抒发心意，留下很多佳话。

文慎公晚年像　宣颖敬题

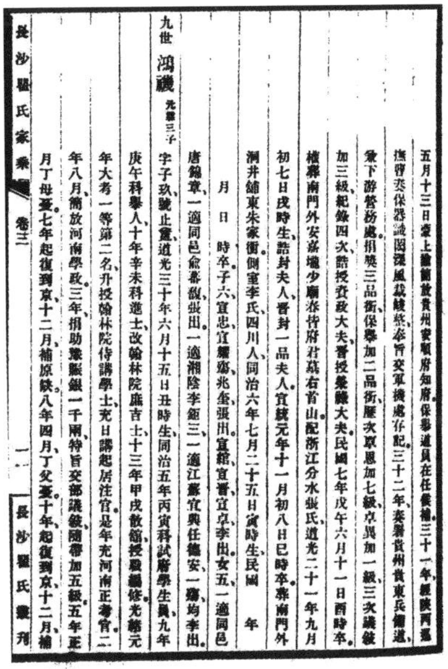

五月十三日奉上諭補放貴州安順府知府，保奬道員在任候補。三十一年，經陝西巡撫曾奏保器識閎深，風裁峻整，奉旨交軍機處存記。三十二年，奏署貴州貴東兵備道，兼下游營務處，捐奬三品銜，保舉加二品銜，歷次覃恩加七級，卓異加一級，三次議敍加三級，紀錄四次，誥授資政大夫，晉授榮祿大夫。民國七年戊午六月十一日酉時卒，權厝南門外安嘉壋少暉峯皆府君墓右首山。配浙江分水張氏，道光二十一年九月初七日戌時生，誥封夫人，晉封一品夫人，宣統元年十一月初八日巳時卒，葬南門外洞井舖東朱家衝。側室李氏，四川人，同治六年七月二十五日寅時生，民國　年　月　日　時卒。子六，宣忠、宣耀、宣兆奎，張出；宣縉、宣晉、宣卓，李出。女五，一適同邑唐錫章，一適同邑俞壽嶽，張出；一適湘陰李鉅三，一適江蘇宜興任德安，一適[illegible]均，李出。

九世　鴻禨　先霖三子

字子玖，號止盦，道光三十年六月十五日丑時生，同治五年丙寅科試府學生員，九年庚午科舉人，十年辛未科進士，改翰林院庶吉士，十三年甲戌散館，授職編修。光緒元年大考一等第二名，升授翰林院侍講學士，充日講起居注官。是年充河南正考官。二年八月，簡放河南學政。三年，捐助豫賑銀一千兩，特旨交部議敍，隨帶加五級。五年正月丁母憂。七年起復到京，十二月補原缺。八年四月，丁父憂。十年，起復到京，十二月補

長沙瞿氏家乘　卷三　一一　長沙瞿氏叢刊

《长沙瞿氏家乘》记录的瞿鸿禨齿录与画像

1938年，古城长沙因“文夕大火”变为废墟，“瞿相府”难逃厄运，瞿宣颖无比痛惜，去北京找齐白石为“瞿相府”作画纪念。齐白石在《日记》里记录了1911年清明节第二天在超览楼举行的禊集。1939年，一幅活生生的《超览楼禊集图卷》在齐白石的画笔下呈现出来。2018年，北京画院举办齐白石展，《超览楼禊集图卷》亮相，该画现藏于故宫博物院。

长沙瞿氏族谱保留200多种湘菜菜品

瞿氏为长沙望族，瞿鸿禨父亲瞿元霖曾官居吏部主事。世代为官的瞿氏大家族最重视修谱和祭祀活动。瞿鸿禨制定长沙瞿氏祭祖的全套规约，涵盖祭祀的顺序、时间、祭品和供品等方方面面，其中更详细记载了晚清湘菜的诸多品种。

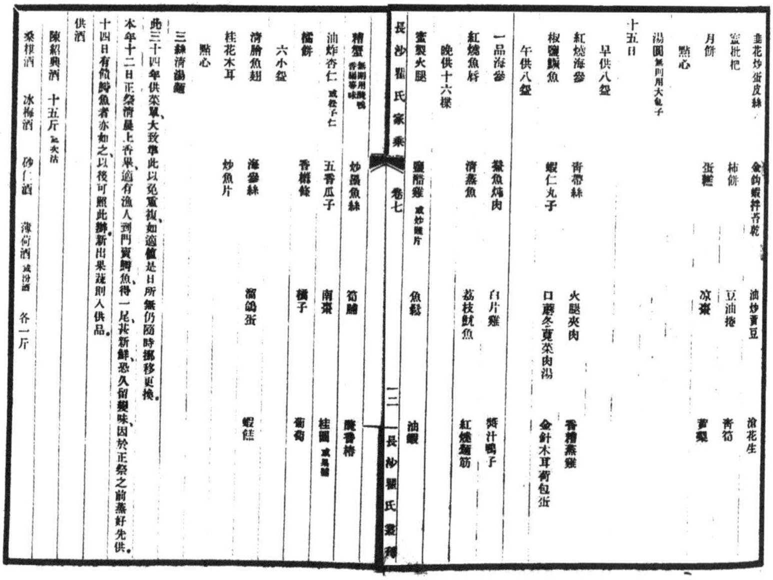
韭花炒蛋皮絲　金鈎蝦拌香乾　油炒黃豆　滄花生
蜜枇杷　柿餅　豆油捲　青筍
月餅　蛋糕　凉棗　雪梨
點心
湯圓（無則用大包子）
十五日
早供八盤
紅燒海參　青帶絲　火腿夾肉　香糟蒸雞
椒鹽鯿魚　蝦仁丸子　口蘑冬莧菜肉湯　金針木耳荷包蛋
午供八盤
一品海參　鰇魚燉肉　白片雞　醬汁鴨子
紅燒魚唇　清蒸魚　荔枝魷魚　紅燒麵筋
晚供十六樸
蜜製火腿　鹽醋雞（或炒雞片）　魚鬆　油蝦
長沙瞿氏家乘　卷七　二　長沙瞿氏叢刊
精蟹（無則用臘鴨香腸等味）　炒鰇魚絲　筍脯　臘香椿
油炸杏仁（或松子仁）　五香瓜子　南棗　桂圓（或[illegible]）
橘餅　香椒條　橘子　葡萄
六小盤
清燉魚翅　海參絲　溜雞蛋　蝦鮭
桂花木耳　炒魚片
點心
三絲清湯麵
此三十四年供菜單、大致準此以免重複、如適値是日所無仍隨時挪移更換。
本年十二日正祭清晨上香畢、適有漁人到門賣鯽魚、得一尾甚新鮮、恐久留變味、因於正祭之前蒸好先供。
十四日有饋鯽魚者亦如之、以後可照此辦。新出果蔬則入供品。
供酒
陳紹興酒　十五斤（[illegible]）
桑椹酒　冰梅酒　砂仁酒　薄荷酒（或汾酒）　各一斤

民国二十三年（1934）《长沙瞿氏家乘》

瞿氏祠堂中元节祭祖，从农历七月初十到七月十五，供奉200多种菜品。如农历七月十五供奉祖宗，早供八碗，午供八碗，晚餐最隆重。祖宗吃了晚餐就要上路，来年再接祖宗回来。晚供八碗大菜、八个碟子，夜宵六小碗，点心三丝清汤面。

菜谱如下：

八大碗：蜜制火腿、盐醋鸡（或炒鸡片）、鱼松、油虾、糟蟹（无则用腌鸭、香肠等）、炒墨鱼丝、笋脯、腌香椿；

八个碟子：油炸杏仁（或松子仁）、五香瓜子、南枣、桂圆（或果脯）、橘饼、香橼条、橘子、葡萄；

夜宵六小碗：清烩鱼翅、海参丝、溜鸽蛋、虾糕、桂花木耳、炒鱼片；

点心：三丝清汤面。

八大碗、八个碟子、六小碗，点心清汤面，是长沙隆重的酒席场面。还有各类肉羹类、烧烤类、煎炸类、蒸菜类、糕点类、果脯类等菜品、点心。

“家谱与方志，皆为国史之根源。”瞿鸿禨、瞿宣颖父子将编国史所练就的功力用在编家史上，整理并刊印了线装铅印本的《长沙瞿氏丛刊》二十卷，包括瞿氏三代人的文稿、家谱。瞿宣颖编写的家族历史事件、历代典章等，本质上反映了政治制度下的长沙市民生态。这些都是研究长沙历史的珍贵文献。

2014 年，瞿氏族人在长沙聚会修谱，瞿鸿禨的后人，原中华工商联原副主席瞿怀明被推荐为修谱委员会总顾问，传承家学。

长沙瞿氏支系

浏阳大家塅瞿氏：始祖楚能公，江南凤阳泗州人，北宋靖康年间初迁浏北义台（后属永安市巡检司），后由义台迁大家段大水湾。其三子宋仪之裔允昌分居焦家桥殿栗山，允吉分居新开市培里山，允信分居程梓垅，衍为三支。至清光绪三十三年（1907），已传35代。清嘉庆十二年（1807）、清道光十年（1830）各房分修，清同治八年（1869）三房合修，1915年、1992年、2011年续修。派语：楚宋万千，百细受汉。文智荣仲，相春一应。继启再洪，世振家声。能臣际泰，俊才毓钟。诗礼教学，孝友传心。德崇业广，本立道生。

第五篇

长沙地名里的姓氏与长沙聚集的“虢浣寻雍边”罕见姓氏

2019年7月《长沙晚报》刊文《湖南着手清理整治不规范地名》，不规范地名得以清理整治。唯有姓氏地名是常青树，小地名、大历史。姓氏地名是长沙人的脸，外地人的眼。这是历史记忆、文化象征、地域特色、乡愁所系。长沙的姓氏地名，让人有生于斯长于斯的亲切感。

长沙城市扩容，比“七里三分”古城大了上百倍，地名概貌今非昔比。尽管历经岁月风雨的洗礼，那些古老的姓氏地名依然可以帮助我们清晰地寻找到各家各姓繁衍生息，开发长沙，建设长沙，与长沙融为一体的历史轨迹。

长沙地名里的姓氏

长沙人耳熟能详的长沙姓氏地名

杨家山、高家坡、熊湘阁、靳江河口、上胡家花园、黎托、上黎家坡、下黎家坡、大王家巷、易家湾、马王堆、马坡岭、马家巷、王家坪、毛家坪、尹家巷、允家巷、冯家湾、冯家洲、冯家老屋、冯家祠堂、左家井、左家塅、古家巷、王家湾、史家巷、江家巷、伍家井、向家湾、危家铺、孙家坡、沙家巷、苏家巷、杨西塘、吴家坪、何家巷、邱家湾、佘家塘、纽家巷、张家巷、陈家井、茅家嘴、和家坪、金家码头、洪家井、赵家坪、杨家洲、侯家塘、姚家巷、涂家冲、高家巷、郭家巷、唐家湾、袁家岭、夏家冲、晏家塘、谢家塘、彭家井、彭家巷、蒋家码头、喻家冲、傅家巷、雷家园、廖家湾、谭家里、潘家坪、肇家坪、魏家冲……

地名里的姓氏可以追溯长沙的历史

姓氏地名形成了独特的地名文化。例如，长沙的熊湘阁、靳江河口、屈家湾地名带有浓厚的楚国姓氏特色。长沙古代属于楚国，楚国国王是熊氏，熊湘阁是楚国的标志。靳江河口，楚国大夫靳尚的封地，他还葬在这里。屈家湾自然与屈原有关，这里还住着很多屈家人。这些姓氏地名，与长沙三千年历史早已血脉相融。

长沙市中心的袁家岭、伍家井、曹家巷、丁家垅、韩家湖、冯家巷等地名，都是因为家族的聚居地而得名的。曹家坡之前就是曹家的墓园。地名里的姓氏，不仅记录了家族的迁徙和繁衍,还反映了不同历史时期的社会结构和文化习俗。通过姓氏地名，我们可以窥见古代社会的组织形式、经济发展和人口流动等情况。

长沙一直都是北方人口流入的地方，东晋永嘉之乱，唐朝安史之乱，五代十国时，中原移民纷纷迁到长沙。到北宋初年，长沙人口超过 20 万，成为全国 6 个人口过 20 万的特大型城市之一，姓氏有几百个。外来的姓氏，为了区分先来后到，会把聚居地冠姓命名。长沙芙蓉路上的公交车，27 个公交车站，就有 12 个公交车站冠以姓氏，如丁家垅、曹家坡、喻家坪。尤其在乡村，那些沟沟坎坎，坡坡垄垄，更是以姓氏冠名。这些地名里的姓氏，是一个地方发展的历史印记。

地名里的姓氏是一段历史的记忆

兴马洲，位于天心区南托街道西南湘江之中。洲上产橘，先名橘洲。五代楚王马殷据长沙为国都，下令改名兴马洲，寓意马氏王朝的兴旺。

长沙市中心的马王堆、马王街、马坡岭、马家巷，这里早就不是马姓聚居地了,但这些地名却承载了一段历史记忆。长沙冠以马姓的地名,承载着一段特殊历史渊源——马楚国。五代十国时期的马楚国，是历史上唯一以湖南为中心的封建割据政权，长沙是马楚国的都城。马楚国虽然只有短短五十年历史，留在长沙的遗迹和印迹却很多。湖南人感念马殷，五代十国，中原战乱不断，长沙这里风景独好，相对平安。地名里的马姓，是长沙的历史记忆，就像长沙的岳麓山、橘子洲头、天心阁一样，早已融入了长沙的血脉，这就是姓氏地名的魅力。

长沙聚集的“虢浣寻雍边”罕见姓氏

1996年，在长沙走马楼三国竹简中，发现了15个未被大型辞典收录的稀有姓氏如丞、睾、宙、棋、业、敉、揀、忩、粮、莼、茑、给、继、这、诵。这些姓氏虽然已经在历史长河中湮灭了，但是丰富了三国时期长沙的姓氏史料。长沙是一个姓氏丰富的地区，并且不断衍生出新的姓氏，还有一些全国罕见的姓氏，如虢、浣、寻、雍、边等。

虢氏

长沙望城区虢家坪虢氏。明成化八年（1472），始祖含育公举家从江西饶州府新平县迁来湖南长沙新康都六甲虢家坪（今属靖港镇复胜村）落业。始祖子二，有致、有熊。传至四世分房兴邦、兴爵、兴颜、兴曾、兴思、兴庆、兴锦、兴唐、兴隆九大房。清乾隆二年（1737）族众创建宗祠于虢家坪，清光绪十五年（1889）、1918年、2007年续修族谱。字辈：有伯庭兴，承之可荣。文光上楚，武显大清。代传名振，时昭德成。元勋永绍，峻业维宏。忠孝继启，道学昌明。

2023年，湖南长沙虢氏宗亲40余人到三门峡寻根问祖。三门峡有虢国博物馆，展现虢国和虢氏的兴衰历程和独特文化。长沙虢氏是虢氏比较兴旺的一支。

浣氏

长沙开福区、星沙浣氏。浣氏是长沙特有的姓氏。蒙古灭亡金朝，大汗窝阔台下令：完颜一族不赦。完颜立基带着弟弟一路往南狂奔，他们在“完”字边加三点水为浣姓，以示不忘根本。他们分布在长沙开福区捞刀河浣家坪，黑麋峰、星沙一带，现有两千多人。

北宋初年编纂的《百家姓》，以“赵钱孙李”开篇，收录504个姓氏，却不见“浣”姓踪迹。时空流转至20世纪60年代，《辞海》修订工程启动。当长沙浣氏提交增补姓氏词条的请求，没有被采纳。浣姓虽未进入主流典籍，但其族谱、地名和代际传承构成了一套完整的民间历史体系。这一案例印证了历史书写中“官方”与“民间”的双轨性，也为姓氏文化研究提供了鲜活样本。

浣氏作为完颜后人，现在已经繁衍到第二十四代，他们有自己的族谱佐证。浣氏族谱于清乾隆五十九年（1794）一修、清同治七年（1868）二修、1934年三修、2022年四修。字派：国之仕尚，万正伦常。家传孝友，百世荣昌。远绪绍先哲，光明显后贤。

寻氏

浏阳社港寻氏。夏朝时，姒姓王族分封于斟鄩，后国灭，子孙以“斟鄩”为氏。后世简化“鄩”字，形成寻姓。浏阳社港寻氏始祖祥甫公，后唐同光二年（924），由江西吉水县新江乡迁湘，开基浏阳县莲溪乡玉田湾。至元末衍分为八大房。分支迁浏邑东乡、南乡、华容、万载、湘阴、长沙、蒲圻、新田、平江等处。男女丁口 22000 余人。

清同治元年（1862）建宗祠于社港市，称社港寻氏。据社港寻氏族谱记载，浏阳市社港镇新安桥，于明成化十年（1474）由社港寻京南四兄弟捐资建造，已有 550 余年历史，现为湖南省文物保护单位。

该族名人：寻淮洲烈士，曾任红军军团长。寻先仰，四野后勤部部长。字辈：志达思颜孟，名贤代继醇。英才逢盛世，道学本先民。孝友传家泽，诗书启后人。用能承祖绪，余庆自长新。

雍氏

长沙望城区石渚河河上桥雍氏。周王室分封姬姓贵族于雍（今河南省沁阳市一带），爵以伯，号为雍伯。雍伯是雍国的创始人，其后人遂以国为氏。

望城河上桥雍氏，始祖奥广公，明朝初年由江西吉安莲花县迁湘，开基望城石渚河河上桥。宗祠位于石渚河河上桥船形山，今属铜官街道彩陶源村。

奥广公由赣入湘，繁衍生息到第十代“以”字辈，分为恭、逊、让、德、道五大房。清代康乾盛世，人口倍增，五大房纷纷围湖造田，离乡谋发展，积累财富。今天湖北公安、监利、荆州、石首等地和湖南长沙、岳阳、益阳、常德等地雍氏，皆是长沙河上桥雍氏子孙。

1924 年长沙房纂修家谱。字辈：子孙昌荣，克振家声。文扬武烈，厚泽光明。门庭孝友，品节清贞。勋名焜耀，经济恢宏。

边氏

长沙宁乡边氏。边氏源于商朝微子启，得姓于周朝宋国边昂。唐朝边隆迁江西，史称“新淦边氏”。明朝边道翁官峡江县医学提领，从江西新淦迁湖南邵阳隆回金滩。清康熙年间，边泰黉携二子兴逵、兴遥从隆回徙宁乡，历三百余年，形成今天的长宁边氏一族。该边氏有迁云贵川，其中以四川彭州人口最多。

长宁边氏清一代人才辈出，同光中兴时期，“十三领红顶子祭祖”，可谓盛极一时，载入省市县志者二三十人。如边晓堂、边得贵、边朝阳均为一品武职。边寿山、边卯乔、边翼臣均为科第举人。民国有辛亥革命志士如边乔生。新中国文史馆馆员边仲仁，著《左宗棠年谱》。武汉大学教授边恭甫是新中国成立后的第一批著名会计学家。

边鹏飞于 2025 年 3 月，主修第五修《边氏族谱》，同时他还撰写本房谱《边鹤亭家谱》，传承耕读为本的家风文化。字辈：宗志呈家瑞，开文秉国君。泽长光踊跃，世远德维新。

第六篇

长沙姓氏拾录

长沙作为一座有着悠久历史的古城，其姓氏文化也承载了丰富的历史和文化内涵。许多姓氏在长沙的发展中形成了独特的家族文化和历史传统。根据最新统计，长沙市居民姓氏共有 622 个，其中单姓 595 个，复姓 27 个。因书籍体量有限，不能全部收录，现选择部分姓氏部分支系，按姓氏笔画顺序拾录。

按姓氏笔画排列

卜

浏阳社冲卜氏：卜氏家族的祖先早在元代就定居在浏阳。到了贤公这一代，因为岁贡的功绩他被任命为明朝光禄寺监事，并开始居住在浏东小河。贤公的儿子正珠后来迁居到南冲，其他家族成员分居到井泉。到了端琅公这一代，家族在明末从井泉迁移到社冲，并繁衍成三个分支，分别在西乡、北乡和南乡居住。

万

长沙清泰街的万氏：始迁祖万先秩公，名有典，明朝江西南昌县人。他的五世孙万善，字添相，国学生，曾在福建同安担任丞职，后提升为长沙茶陵州的知州，授予文林郎的官衔。万善在任期间以模范官员的标准要求自己，爱护百姓，受到当地人民的尊敬。五十九岁时因眼疾退休，随后迁居到长沙城北门的清泰街。

贝

浏阳船仓贝氏：家族的始迁祖南叟公，他在元朝和明朝交替之际从四川迁移到浏阳船仓地区。自清乾隆五十五年（1790）起，贝氏家族开始修编族谱，并在清光绪三年（1877）、1917 年和 1947 年分别进行了后续的修订。族谱中的派系字句显示了家族的辈分顺序和对后代的期望。文中还提及了贝氏家族中的一位名人贝允昕，他在民国时期担任过长沙律师公会会长。

毛

长沙毛氏：祖先可以追溯到毛氏的始祖渐公。渐公是江山（今浙江江山市）毛氏的后代，曾在宋朝时期担任湖南转运副使一职。他的直系后代中有一支定居在长沙。元朝末年，由于战乱，家族成员分散到不同地方，其中毛用这一支保留了财产和地位。后来，毛用被后人尊为迁居长沙的始祖。1916 年，这个家族编写了族谱。

卞

长沙、宁乡卞氏：始迁祖辅元公原本是南京人，在明洪武年间初迁至宁乡。辅元公的两个儿子尚仁和尚丽后来从宁乡迁到长沙八曲河。家族族谱自清康熙四十七年（1708）首次修订以来，每隔一段时间就会进行修订，分别在清乾隆五十一年（1786）、清咸丰七年（1857）、清光绪二十一年（1895）、1930 年、2016 年和 2020 年进行二修至七修。

方

长沙清泰都涂家仓方氏：始祖方轨，字范九，是明洪武十七年（1384）从江西迁移到巴陵（今湖南岳阳一带），后来又迁移到罗湘密岩山汪家洞。方轨的后代中，有两个人物，分别是大楫和大桢，他们居住在不同地方。其中大楫留在密岩，而大桢则迁移到了丛塘。大桢的后代文圣公，字俊卿，生于明崇祯五年（1632），卒于清康熙六十一年（1722），他从密岩迁到了长沙清泰都三甲涂家仓。

尹

长沙乌山尹氏：始迁祖铉公，他是北宋时期著名儒家学者程颐的弟子尹焞孙子。铉公在南宋时期从河南迁移到了楚南（湖南一带），并在善化县落户。铉公的后代岳秀，迁到了南京。到了六世祖靖宦时，家族又从南京迁回潭州（今长沙），定居在河西都五甲乌山（现属于望城区）。

邓

长沙格塘邓氏：邓氏始迁祖名为均祥公，他最初来自江西南昌府进贤县。在明洪武二十三年（1390），均祥公担任宝庆府邵阳县的教谕。卸任后，他选择在长沙郡城南门外定居，并最终迁移到长沙县新康都格塘。

甘

长沙颜家嘴甘氏：始祖洪叟公开始，传承到第四代镛公，曾经担任广东巡按。镛公的次子霖公，曾任常州知府。霖公的第三个儿子淮公，其后代又传了三代，到了镜公和鉴公。镜公，字朗照，是太学生，生活在明弘治年间。他和弟弟鉴公从湘阴迁移到了宁乡北关外的大托岭，后来又把所有的田地和房屋都给了弟弟鉴公，自己迁居到长沙县鸭子铺杨柳坪颜家嘴。

古

浏阳东乡古氏：始祖成公是家族的起源，其后代在历史的长河中不断迁移和繁衍。十一世的革公将家族从广东梅县迁移到湖南平江。到了二十五世的衍国公，他于明万历二十八年（1600）从古家垄迁到浏阳南乡，之后又迁到东乡的多个地方。随着时间的推移，古氏族的后人分布在浏阳县城及其周边的多个地方，甚至扩展到城步、娄底、湘潭、长沙等地区。

厉

浏阳厉氏：始祖温公生活在汉末，曾是汉郡守，并被封为义阳侯。宋天禧年间，家族的五十七世祖敦睦公（字学唐，号慕典）从江西抚州临川迁移到万载厉公陂。此后，家族继续繁衍，十二世的仲贵公有四个儿子即万钦、万铨、万松、万纯。万钦的孙子天和，天和的儿子薇芳（字文中）在明万历、天启年间迁移到浏阳东乡上洪。万松和万纯的后代在明成化年间迁移到了浏阳北乡蕉溪岭余家铺。

石

长沙石氏：始迁祖仁叟公，家族在后唐同光元年（923）从洪都（现在的南昌）的瓦子巷迁到长沙的万寿乡石岭。这个家族传承到第十一世的邦英公时，由于元朝末年政治动荡，战乱频发，为躲避战乱，他们再次迁移到了岳州（现在的岳阳）的黄蓬市。明洪武七年（1374），天下已经安定，家族再次返回长沙春华山三洲坪。

龙

长沙河西龙氏：祖先伯高公原本是钜鹿人，在西汉时期担任太守，并迁到楚地（可能是现在的湖南一带）定居。二十四世的暹公，他担任道州的学政官员，并在道州安家。到了二十八世的庚公，唐末从道州迁往江西吉水，最后选择了在永新这个地方居住。明洪武九年（1376），得时公和他的兄弟秀二公从江西吉水迁移到湖南，秀二公最终定居在湘阴县的石洙，得时公则定居在长沙县河西的赤岗冲。

卢

浏阳东乡姜卢塅、三口卢氏：始祖植公的后代均公是唐元和年间进士，他从隆兴西山迁居到建城高岭，即是现在的江西省宜丰县石市乡十都村。均公的后代在明洪武年间因战乱迁徙到浏东姜卢塅及三口。朝用和朝佐是均公的后代，在明朝初期迁居到不同地方，他们的子孙分散居在铜坊、白沙、东门、长丰冲、渡头、邑北匾山等地。他们子孙后代居住地远及道州、桂阳、常宁、平江，以及江西、陕西、广西等多个省区。

帅

长沙帅氏：他们原本姓姬，是晋朝司马兵曹尚书师昺的后代。为了避讳景帝的名字，奉皇帝的命令改姓为“帅”。

帅氏家族的始祖是逢原公，他曾在宋朝考取进士，最初来自浙江婺州金华，后来在江陵担任都统。到了十九世祖登辅公，帅氏家族从江西南昌府奉新县迁移到湖广襄阳府枣阳县，明洪武二十五年（1392）又迁移到长沙府善化县的九都帅家湾。

叶

长沙碧湘街叶氏：始祖淋泗公，字源开，南宋时人，原籍苏州府吴县洞庭山。第五代孙于端公时，因为听说南楚（即湖南一带）的风俗淳朴美好，便和弟弟于楷一同迁居到长沙碧湘街。于端公生正权，正权生斌、赋、缃、桂。这些儿子后来分别居住在不同的地方，斌移居到益阳，赋移居到宁乡，缃移居到湘乡，桂移居到浏阳。班行：文运自天开，家仁祖德培。宗功传世久，学士位崇来。

田

长沙田氏：始迁祖嵩森公明朝时期迁移到湖南南部，定居在长沙郡东乡郭公渡丁田湾。随着时间的推移，嵩森公的后代德山和德河两兄弟迁移到北直隶的武清县。而德福公则留在了长沙王子渡田家塅。著名剧作家、戏曲作家中华人民共和国《国歌》歌词作者田汉，即田家塅田氏后人。德禄公迁移到了长沙田方坊。经过五代人的繁衍，田氏家族发展出了楚、焕、均三大房支。建造祠堂于田家山。派语：嵩山开之德，源远理时兴。盛启国正永，朝宗兆文明。维家大有庆，忠孝辅邦基。廷荣世业光，本立学道彰。

史

长沙史氏：先世系江苏溧阳侯三十四世孙惟净公，官至礼部侍郎，自埭头迁丹阳千口。至三十九世普荣生廷珪、廷璋、廷实。三子廷实迁江苏溧阳永定乡赵圩，传至四十四世衍为文奇、文璧、文贵、文澜四房。文奇，字国典，明初自永定乡迁长沙王子渡。文璧，字连起，明初自永定乡迁长沙城外史家坡，生应通、应选。文贵，字秀尚，迁长沙城东山。文澜，字源泉，明初与堂兄四人同迁长沙河西芭茅湖（今史家山）、青山桥等处。1914 年长沙史氏纂有宗谱。

宁

长沙卯田宁氏：始迁祖对麓公，讳玉乾，明万历年间偕胞弟玉坤，堂弟玉明、玉镇由善化县河东洞泉铺挈家徙省垣，旋落业善邑河西卯田。族谱始修于清道光二十七年（1847），清光绪元年（1875）二修。宗祠建于清乾隆五十九年（1794）。派语：玉邦之宗，仕开尚文。章成显达，恢复家声。世敦孝友，克立勋名。增其培植，永保昌荣。

皮

长沙长花园皮氏：始祖文通公，字峤山，明正统年间由子倡公自河南开封迎养来湘，开基攸县清阳乡，卜居水头、沙汪等处。十一世辅公，官四川岳池，解组归居长沙，始分隶善化，族人聚居于长沙县石门乡长花园。至 1948 年，男女丁口 1000 余人。清宣统元年（1909）、1949 年创修支谱。

该族名人：皮殿选、皮宗潮、皮宗石。字派：积德家声远，传经世泽长。同心敦乃善，笃庆锡之光。

师

长沙东山师氏：始迁祖玉显公，宋高宗时宦潭州参军，卜居十江坪。生瞿亭、瞿高、瞿亮。宗祠建于长沙城内浏正街，族人散居长沙、浏阳、华容等县。派语：一元开万象，圣德立文明，孝友嘉声远，诗书利约芳。

汤

长沙汤氏：始祖廷瑞公，宋乾道年间人，原籍徽州，后以官守籍江西丰城，其子孙先后播迁落籍湖湘平、益、巴、浏、潭、宁等处。六世贤臣，字祥钦，赠光禄大夫，适元季陈友谅之乱，各省居民纷纷避寇，公挈其眷属由江西徙浏阳。七世千一郎，字钧镇，号衍檀，明户部右侍郎，授光禄大夫，由浏邑迁长沙，为长沙始迁祖。至九世衍为存泰、存旺、存金、存敬四房。族谱始修于清咸丰初年，清光绪年间四房分修，1918 年三修。

许

长沙河西石碑岭许氏：始迁祖必珍公，字席儒，原籍江西南昌县瓦砾街，明洪武年间宦游来湘，明永乐二年（1404）落业于长沙河西石碑岭。生文材、文岳、文奎。清乾隆五十九年（1794）创建宗祠，门联：五经泽永，八恺风高。清乾隆五十九年（1794）始修族谱，清道光十四年（1834）续修，皆未付梓。清光绪十一年（1885）三修，1935 年四修。

列派：必文允一廷添之，启陞昌应如星月。惟有忠厚可传家，慎修敦序光先泽。

孙

长沙孙氏：始祖文忠公，官至太常寺正卿。逮传至四世斯浑公，由徽州休宁迁湖南长沙，而浏而醴而宁，复传至七世海岳公，以万年县令假归泌水，隐居老塘。清乾隆二年（1737）、清咸丰十一年（1861）、1916年纂修族谱。派语：居方斯继鲁，其谦克自昌。乐安廷学世，祚锦士长良。立达钟鸿业，勋华锡汝彬。该族名人：孙良贵，清乾隆四年（1739）进士。

严

长沙沱川严氏：该族以汉武帝时会稽太守助公字义兴为始祖。五十派常公，字敦伦，原籍浙江兰溪县灵泉乡，宋嘉熙年间任潭州指挥使，卒于任。子景、昱二公，避宋末之乱，托籍于长沙河西都四甲金凤庵、楠木冲。景公生以华、以彩，昱公生以是、以武。以武明初宦游西鲁，以彩、以是徙居湘潭。唯以华，字敷荣，落业长沙沱川，为沱川始祖，子孙散居长沙、湘潭、宁乡。

苏

长沙苏氏：始祖孙连公，字汤新，清康熙四年（1665）由福建永春州亭上因兵燹迁居江西万安县，其子华秦、华蒂于清康熙十九年（1680）由赣迁湘，开基于长沙县嵩北乡洲尾。至 1948 年，已传 13 代，族人分布于安山、太平岭、巷口。宗祠设在杨家桥。

佘

长沙佘氏：一世以生公，明末人，生中宪、中元、中奇、中山、中武、中禄。该族近世名人辈出，如佘正焕，清嘉庆进士，主讲城南书院。佘肇康，光绪进士，曾任山东、江西按察使、湖南粤汉铁路总公司坐办总理。佘籍传，（民国）湖南省建设厅长。1947 年纂有草谱。字派：以中学成胜启宗（正）本肇传泽贻钟彦。

邹

长沙磨石坳邹氏：始祖宗显公于明成化年间从江西丰城迁湘，立业磨石坳，经 500 多年的奋发，现磨石坳已是枝繁叶茂，人丁兴盛。九修二十字派语：泽慧昌华夏，东恩润乾坤。平锦富深远，仁义铸忠诚。

汪

长沙汪氏：始祖琪公，世居江西婺源大畈村，元官司户参军。七传至锦公，字绚采，邑庠生，明嘉靖中迁居湖南长沙。二十传至汪诒书，字仲楞，号颂年，行九，清末进士，历任翰林院编修、广西提学使、山西提学使、山西布政使。

宋

长沙宋氏：始祖訾裔公，原籍安徽凤阳府凤阳县谢家店宋家村。八世玉亭公，明洪武年间奉旨屯湘潭迎春桥。玉山葬湘乡，玉仕落籍长沙东乡春华山黄狮渡等处。玉仕裔十六世人农，原名承容，字沙湖，明嘉靖十一年（1532）由湘潭始迁长沙锦都五甲宋家冲。又越三世，衍志诚、志通、志源、志英四房。清乾隆四十年（1775）一修族谱，清嘉庆二十三年（1818）、清同治元年（1862）、清光绪二十四年（1898）、1934 年续修。

赵

长沙嵩北乡杨林塘赵氏：始祖添杰公，明朝由江西吉安因任职长沙府儒学迁湘，开基于长沙省垣赵家坪。族人分布于长沙嵩北乡、湘潭，四川、陕西等处。至 1948 年，已传 19 代，民国初年创建宗祠于嵩北乡杨林塘。

郝

长沙郝氏：郝氏之先，商帝乙封子期于太原郡郝乡，因以为氏。元翰林侍读学士经公，生彬公，彬公生德公。德公，字懿之，浙江钱塘县人，从明太祖北伐，与子赟俱死于阵。赟子通，成祖时封昭勇将军，迁居长沙。一传而分三房即忠、恕、揆，再传而增二房即明、鼐，三传而又增二房即文、武，繁衍于长沙、善化、湘阴、湘潭、浏阳及巴陵、沅江。清光绪十七年（1891）、1924 年纂修族谱。派语：景象从英杰，贻谋裕炽昌，孝友恢先业，书田继绪长。

胡

浏阳西岭、樟槽、藻岭胡氏：谱称胡姓始祖满公，第六十三世祖藩公，封土豫章，爱豫章西之新邑（今江西奉新县）华林山水之美，遂自江苏邳州宿迁徙华林，为华林胡氏之始祖。

南宋绍兴二年（1132），第九十二世祖汪公扶父用先公灵柩从福建邵武归华林，途经乐安浯溏（今江西乐安县龚防乡村），因冰雪塞途，权枫山寺，结庐墓三载，定居于此，尊用先公为一世祖。

明万历年间，浯溏第二十世祖允钦公，行建十，居浏阳西岭（今文家市镇中和乡苍坊村），为西岭第一世祖。允欢公，行建二，其孙雯甫于清康熙初徙浏阳槽，为樟槽支开基始祖。允衮公，行雷五，其孙荣甫于明末清初徙浏阳高坪，为藻岭支开基始祖。清光绪十七年（1891）建允钦公祠于西岭孔建坪。族谱始修于南宋淳熙五年（1178），实为江西乐安浯溪胡氏族谱。清乾隆四十五年（1780），浯溪七修胡氏族谱，浏阳西岭胡氏一支入谱，八修、九修已失传，光绪二十八年（1902）西岭胡氏一支与塘胡氏合修大成谱。1943 年，浏阳西岭、樟槽、藻岭三支胡氏合修族谱，接上为十一修，1994 年十二修沿十一修例。

胡耀邦为西岭允钦公第十二世孙。西岭、西冲、槽、藻岭派语（自一一三代始）：允谦甫育，元奇志中。名成祖耀，德厚家兴。安仁培本，立训良谆。

柳

长沙长桥柳氏：一世祖翔甫公，字馥翔，官奉议指挥都司，原籍山西太原。二世祖俊琪公，中书舍人，徙江西袁州府万载县西江立业。至五世玉英公，字碧鉴，宋南渡时徙浏阳北乡。六世日锁公，生庆叟、伯叟、署叟、华叟、春叟。元大德年间，伯叟迁湘潭压石河，署叟迁浏邑社冲，华叟迁浏邑新塘冲，春叟迁浏邑水源冲。庆叟字文政，由浏阳徙居长沙长桥。

钟

长沙、宁乡、浏阳钟氏：始祖山公、岱公，四传其仁、其义。二公以下十二世“鼎”字派先后由闽、粤来南楚。仁支有鼎运公子仕万及鼎盛、鼎云、鼎英、鼎臣、鼎华、鼎桂、鼎甲、鼎泰、鼎吉诸公，义支有鼎宇、鼎宙、鼎寅、鼎智、鼎贵、鼎峻、鼎隅、鼎翔、鼎书诸公，散居长沙、善化、宁乡、浏阳、醴陵、湘潭等。清光绪七年（1881）合修族谱。赣湘二省十三县通派：诒谋百代，典则千年。模猷克绍，道德光前。庭盈俊杰，性达经权。纯儒自勉，笃志宜坚。

俞

长沙俞氏：先世德昭公，字玉山，明永乐年间迁居浙江山阴陡亹俞家汇头，今属绍兴市斗门镇，下传至文瀚，行十二，清光绪年间来湘，投奔从兄文葆，遂落籍长沙。其孙俞大光，中国工程院院士。绍兴班辈：子宏宗本，元善世昌。文明大启，声振家邦。

饶

长沙饶氏：始祖元亮公，讳素，行十七，唐德宗时官浙东安抚使，世居江西饶州鄱阳，尝仕处金陵，晚归寓南城蓝田乡。其后由江西临川迁福建邵武。传至干公，字廷老，宋淳熙进士，官长沙令，时朱熹守潭州，治事之暇，相与讲学，解组后遂家长沙。孙瑚公归江西吉安，曾孙师武，值元季之乱，又由江西避难长沙尊阳乡蒿塘里。

施

浏阳南溪施氏：始祖兼善公，字公达，原籍延陵义兴县（今江苏宜兴市）永寿乡河西岸，唐咸通二年（861）以进士官吏部拾遗，因避黄巢之乱，迁居九华山，传至元季训大，由池阳迁居浏阳。明万历十六年（1588）一修，清康熙二十八年（1689）二修，清乾隆四十一年（1776）三修，清道光二十二年（1842）四修，清光绪十九年（1893）五修，1935年六修族谱。字派：训佑礼奇开成晋德绍仁际国兴，永大东邦绪，寅传汉代薪，明经宏世业，家学正彝伦。

姜

宁乡姜氏：始祖德厚公，字流光，原籍江西泰和，官评事，后唐同光二年（924）弃官迁湘，卜居宁乡黄材之熟乐姜坊。七传而分舜梅、舜雷、舜国三房。舜梅字百魁，初居街后，七世孙以隆公徙邑之道林。舜雷字鸣夏，居华坊。舜国字良治，守姜坊祖址。舜梅、舜国两房族谱于清乾隆十一年（1746）、清乾隆五十九年（1794）、清道光十四年（1834）、清光绪二十三年（1897）凡四修。宗祠位于姜坊。

娄

浏阳、宁乡娄氏：始祖师德公，字宗仁，号祉田，居河南开封府荥阳县，仕唐，以监察御史历河源军经略副使除同平章事兼纳言，谥贞。传至十三代浩公徙居新建。十八代时逊公以御史起家，生景衡、景华、景誉、景隆、景和。世居新建，遭时变乱，明洪武初年兄弟携谱来湘。衡公徙湘潭，誉公居宁邑，隆、和二公徙居外郡未详。华公徙居浏阳，是为浏肇基祖。华公生子三，瑞卿公居国井，政卿公徙居迎垅，荣卿公徙居湘阴。

洪

宁乡岿山洪氏：尊唐代玉公为一世，十七世福二公元末徙居攸县竹林。至二十世原俊，明洪武年间从军长沙卫，充总旗，其子德崇公以军功授千户，孙兴翔公袭百户，屯田宁乡。族人多分布在狮顾石潭及长沙白箬等地。至1948年，男女共15600余人。清嘉庆十年（1805）建宗祠于宁乡仙凤乡十七保社子冲。

祖

长沙祖氏：始祖德富公，由豫章迁居长沙，世居万寿都九甲。

祝

浏阳祝家源祝氏：始迁祖声远公，明正统十三年（1448）迁此。至清光绪三十三年（1907），已传18代。

贺

长沙贺氏：支祖俊生公，原系宝庆府邵阳县安平一都班竹冲，侍从父正直公迁长沙府宁乡县，生维明、在明、有明。维明生天赐，天赐由宁乡迁长沙县。清光绪三十一年（1905）始修支谱，2003年续修。派语：守正安邦国，世代永兴隆。昌炽宏基业，规模秉孝忠。

秦

长沙白箬乡印塘秦氏：宋时观公，号淮海，居高邮。其子湛迁无锡，复迁江苏洞庭。明成化年间，文瑞公，名志，号颐庵，因袭叔屯长卫迁湘，开基于长沙县白箬乡印塘地方。族人分布于宁乡、长沙等处。至1949年，已传21代，共2000余人。宗祠设宁乡仙凤乡新柳寺。清嘉庆四年（1799）、清道光二十四年（1844）、清光绪三年（1877）、1916年纂修族谱。

聂

浏阳蕉溪聂氏：迁湘始祖思仕公，自江西清江宦游湖广，居湘阴，其子宗炳于元至元中迁浏北蕉溪岭，七传至景铭公迁居叠田段。至清光绪三十三年（1907），已传26代，丁口1600余人。

莫

长沙九福乡莫家冲莫氏：始迁祖元亨公，原籍江西吉水县文昌乡，元末明初因移民迁湘，开基于长沙九福乡莫家冲。至1949年，已传30代，约5000人。族人分布在益阳桃花坪等地。宗祠设在莫家冲。

夏

宁乡麻羊坪夏氏：始迁祖林海公，字汇川，北宋时由益阳迁居宁乡三都麻羊坪，子姓或居宁乡双江口，今称夏家洲，或居善化石坝长冲，由石坝又分衍出杨家冲支。清同治三年（1864）、清光绪十八年（1892）、1931年三支曾合谱。宁乡旧派：启典传元友，伏宝孔玉宋。文显仁之万，立达圣贤良。长沙麓山镇、宁乡夏家洲旧派：应济道义，光大治明。时尚公文，国学昌之。达显家声，职笃忠诚。

晏

浏阳升田晏氏：始迁祖以敬公，元末迁此。至清光绪三十三年（1907），已传21代。

徐

长沙徐氏：始迁祖志洪公，字无垠，江西丰城县大顺乡人。明洪武时与兄弟志德、志高、志海、志道、汉高、仲贤、志锦、美玉八公迁浙江衢州，转迁湖南。该族名人：洪房五派腾芳，明中叶时官肇庆知府。十七派棻，道光进士，掌教城南、岳麓书院。十八派树铭，字寿衡，清光绪二十五年（1899）升工部尚书。树钧，号淑鸿，清光绪二十六年（1900）署江宁布政使。毛泽东主席老师徐特立，是善化五美乡荷叶塅徐氏后人，迁湘始祖徐志海的十九世孙。

殷

长沙殷氏：远祖唐顺宗时节度使侑公，传十二世至仁荣公，由抚州徙居万载。传二世至宗孙、官孙，支分湘潭、醴陵。宗孙再传二世至儒德徙浏阳。官孙再传二世至儒庆徙湘阴，儒善徙安化，儒福徙宁乡。三房后裔散居长、善、阴、宁、安、益等邑。儒福之长子泽士，讳万显，字香伯，生二子：世唐、世魏，世居湘阴殷家坪。明初，世唐、世魏于父殁后扶母迁长沙锦绣都杨泗庙双枧桥即今殷家塅殷家桥。宗祠建于清乾隆三十六年（1771）。

凌

长沙凌塘凌氏：始祖太纯，字建中，世居长沙，因元末之乱迁寓长宁，明洪武二年（1369）归籍本邑铁坪。清乾隆二十三年（1758）、清道光八年（1828）、清同治十三年（1874）、1916年、1948年五修族谱。字派：延必添云绍胜时学文，廷启思承玉，宏开定有基，家声忠孝本，世泽祖先遗，儒宗光德业，典范重端仪，功烈贤才显，述作圣明希。

高

长沙乔口高氏：始迁祖子政公，原籍江南，明洪武初任西安知府，升湖南粮道，退职卜居长沙县新焕乡乔口。后徙新康，落业六滩、楚塘两处。至 1948 年，已传 22 代，约 27000 人。宗祠设仁德乡白沙围。清康熙三十七年（1698）、清乾隆四十五年（1780）、清咸丰六年（1856）、清光绪二十五年（1899）、1938 年、2021 年六修族谱。派语：子伯文彦万，习承贤思明。盛光绍追益，洪昌德泽荣。正本遵先训，襄猷秉国成。诗书开甲第，礼义振家声。

郭

长沙郭氏：始祖汝材公，字天培，明洪武二十二年（1389）自江西丰城因垦殖迁湘，开基于善化龙头铺。九世祖黄瞻于清康熙时率部分族人迁居长沙大贤里。十二世祖昆甫、仲甫兄弟于清乾隆年间又由大贤里迁居高桥。族人分布在益阳、及川、鄂等地。至 1948 年，已传 20 代，共 3000 余人。总祠在龙头铺。

唐

长沙龙潭唐氏：始祖玄真公，字伯岩，孙子受，因避兵乱而于明洪武元年（1368）自江西丰城县迁居长沙县龙潭乡。族人分布于长沙、浏阳、四川、河南、安徽、浙江、江苏等地。至 1948 年，已传 22 代，共 8000 余人。清乾隆四年（1739）建宗祠于龙潭乡金福湾。

涂

长沙涂氏：始迁祖石台公，明正德、嘉靖年间徙居长沙城北关外熙宁街。至三世万程公生正卿、玉卿、明卿、瑞卿。正卿、玉卿失传，明卿之后至六世而分六大支，存四支。瑞卿之后至六世而分七大支，存一支。族谱始修于清道光二十二年（1842），1921年三修。清嘉庆二十一年（1816）建宗祠于新塘湾。派语：台川本立，学成志定。朝纲宏开，家声乃振。永延先泽，谨遵彝训。式效敏修，联钟哲隽。普应廷征，长希积庆。

谈

长沙石门乡紫云里谈氏：始迁祖伏公，字永江，一字海二，号禹门，行二，晋封中议大夫，浙江湖州知府，原籍江西南昌府南昌县铁树观斗门。元末明初，因勤王之乱迁湘，开基于长沙县石门乡第一保大埠头紫云里。族人分布于长沙、湘阴等处。至1948年，已传23代，共3000余人。

梅

宁乡梅氏：始祖胜聪公，字九思，元至正十二年（1352）自江西南昌府南昌县迁湘之宁乡县八都柳林。子贤益生有二子，悠荣居八都，悠华迁一都狮顾。后人分布于湘阴、益阳等地。至1948年，已传24代，共500余人。清同治八年（1869）建宗祠于县东正街。荣房墨谱创修于明天启六年（1626），清乾隆七年（1742）续修。该族名人：梅钟澍，字霖生，清道光十八年（1838）进士，翰林院庶吉士。梅英杰，清末办理新化锡矿山锑矿，编有《梅氏遗书》四卷等。

龚

长沙大塘坪龚氏：始迁祖义公（字季四）、智公（字丙隐）、思元公（字辛七）兄弟三人，明洪武年间由江西南昌迁居湖南长沙县嵩北乡双溪桥，后智公迁扶冲，思元公迁春田。至1948年，已传24代，丁口2000余人。族人分布于大塘双溪桥、万古桥等处。1927年四修族谱。宗祠在大塘溪、春田坪、涂家塅等地。

盛

长沙纠田盛氏：始迁祖朝金公，明洪武年间由江西袁州府宜春县黄婆街迁楚，落业善化县。子贤公卜居纠田。再传至志能公生友正、友大、友光、友明。友正、友大两房失传。友光支分三房即惠、仲、密。友明支分四房即安、邦、印、政。至1948年，已传20代，有400余人。七房合修族谱于清康熙四十六年（1707），清乾隆二十二年（1757）、清嘉庆二十一年（1816）续修，皆未付梓，清光绪元年（1874）首次刊行，1932年五修。宗祠建于清嘉庆初年。宗派：朝子志友，必胜万宗。一嘉荣国，正天廷应。思利先祖，植纪振纲。维仁孝继，世久文运。日益隆显，达雄湘楚。

常

长沙欧塘常氏：始迁祖钧公，字黻绣，原字福绣，号秉国，一号毅斋，后唐同光二年（924）以孝廉官湖南刺史，与陈端、彭滐自江西庐陵追贼至长沙，遂隶籍长沙雾阳乡伙散桥，旋徙大贤都欧塘即常家冲老屋。族谱始修于清乾隆四十八年（1783），清道光十四年（1834）、清光绪二十六年（1900）续修，1936年六修。2021年长沙常氏欧塘、东薮、校书园、青山、清水塘、坑铺湾六支合修通谱。

崔

宁乡崔氏：始祖比公，字应奎，号密湖，宋时由江西吉安府安福县南乡迁居湖南湘潭。传四世于宋元之际析居宁乡，至九世元明之际克谐后称五甲屯籍，克让后称二甲民籍。族谱始修于元代，明代三修，清嘉庆十九年（1814）宁邑各房分修，清光绪二年（1876）六修，1912年七修。清乾隆四十七年（1782）建宗祠于墨烟塘，即现宁乡市墨烟塘社区的至1949年，全族人口9000余人。

符

宁乡符氏：始祖彦文公，字成章，元季授万户侯，由闽宦湘，协镇长沙。长子公辅之次子忠宪，行二，析居沩宁。自忠宪十传至世材、世珑、世栋，衍为三房，世居沩宁。清雍正年间创修通谱，清咸丰七年（1857）宁乡三房续修。

康

长沙嵩北乡龙潭康氏：始迁祖元焺公，字绎家，号振华，福建省永春县人，清康熙十四年（1675）因经商来湘，开基于长沙县嵩北乡阴功桥龙潭。生晋坚、晋墀、晋塾。族人分布于长沙各乡。至1948年，已传10代，共500余人。宗祠在龙潭。

章

长沙蓝田章氏始祖得象公，宋徽宗时由陈州避乱迁湘，开基于善化县一都花桥。嗣又分迁善化三都之蓝田、湘乡黄田、湘潭田心塅。至重光公，字子明，居蓝田，为该支始迁祖。至1948年，已传20余代，人口7500余人。清嘉庆十一年（1806）建蓝田章氏宗祠于蓝田。清康熙五十八年（1719）合湘乡、湘潭、善化三邑联为一帙，清嘉庆十八年（1813）、清同治四年（1865）、1915年蓝田支已四修族谱。

阎

长沙高桥阎氏：始祖朝京公，字明泉，明成化十三年（1477）自京师顺天府护吉藩来家长沙。长子邦，字春霍，明万历丁丑进士，累官户部主事、工部员外郎、浙江台州府知府、广东布政司布政使，分居白沙河。次子都，随父来楚，身为王卫，葬省城小吴门外阎家湖，至八派衍为斌、斐、誉、焕四房。清光绪二十六年（1900）四修支谱。

梁

望城铜官梁氏：始祖吟公，原籍安徽，佐明太祖有功，敕赐护国侍卫镇抚将军，后调镇湖广长沙府，始落业攸县，生三子梓忠、梓材、梓昊。梓材、梓昊二公各自为族，梓忠迁居长邑临湘都胡家冲现望城区铜官街道中山村。清乾隆五十五年（1790）、清同治十三年（1874）纂修族谱。

董

长沙东乡荷塘桥董氏：始祖和畅公，字泰安，籍顺天府通州漷县桃花村，生望、材、澄。澄公四传继华，字含英，由江西迁湖南长沙岳麓。至八派仁亲，原名仁清，号宝轩，明嘉靖年间迁长沙东乡锦绣镇荷塘桥之西董家湾。清嘉庆十五年（1810）始建祠修谱，清道光二十二年（1842）续修，清光绪十九年（1893）三修，1922年四修。

蒋

长沙蒋氏：迁湘始祖虎公，字啸溪，明洪武二十三年（1390）由江西丰城迁居浏北珠山，四代孙廷宣，由珠山迁苗田，生希量、希衡。希量仍居浏，希衡生志科、志贵、志学。贵裔居浏北上埠岭，学裔居浏西竺家园。志科生子惟先、惟景、惟明。明末由苗田再迁长沙东屯渡，建祠于马鞍山。清乾隆九年（1744）一修族谱，清同治三年（1864）二修，1911年三修，2005年大豹公支四修。

覃

宁乡大槠树覃氏：始迁祖绍爵公，明永乐初偕弟千子、志金奉诏自江西吉安马氏巷迁来。绍爵、志金两公披荆斩棘，辟荒疆，苦心经营，凡大槠树附近一带之田庐几无不为其所创造。厥后虽政局沧桑，屡经兵燹，而子孙繁衍数百户。清道光八年（1828）、清同治元年（1862）、清光绪四年（1878）、1922年纂修族谱。派语：绍南学之登，惟仕世芳人。开文运盛祖，启裔瑞呈麟。忠孝家丕振，诗书道贵遵。显扬先爱敬，昌大本经纶。

粟

长沙河东夹塘粟氏：谱称该族原籍江左，五代时有宦星沙者，后唐同光二年（924）始隶星沙籍。宋真宗时，粟大用以神童官翰林学士。迄元时聚居河东夹塘，遂更名粟夹家塘。元至治年间陈、张寇乱，加以辰蛮骚扰，族人迁徙者不知凡几。独明乾公，讳暨，居塘右金凤山，故以乾公为始祖，以乾公子“应”字派为第一派。五世衍为友广、友善、友云三房。清康熙三十八年（1699）始修族谱，清乾隆七年（1742）、清道光十二年（1832）、清同治十一年（1872）、清光绪二十八年（1902 年）续修，1921 年六修。长房祠位于金山，二房祠位于金家垅，三房祠位于板石，总祠位于金凤山。该族名人：粟龙山，记名提督补授甘肃宁夏镇总兵。粟戡时，湖南都督府外交司司长，著有《湖南反正追记》。粟掞，著名书法家。粟一凡，工程力学专家。

喻

宁乡喻氏：该族肇自武昌，原郡江夏，至归公迁居浙江杭州之钱塘，其后又迁江西袁州之萍乡。至初祖文林郎德彰公，讳韬，一字楚琼，宋建隆二年（961）进士，出为潭州教授，因无心仕宦，与子文义公择宁乡南岸而居。文义生子迺、子惠。子迺分居龙皋（今青山桥镇造福村），子惠仍居南岸（今青山桥镇花园堂村）。龙皋衍山坑、周田、河坞、香山诸房，南岸衍泉田、下落桥诸房。宋咸淳十年（1274）始修族谱，清康熙六年（1667）六修时仍龙、南两裔合修，之后各支分修。清嘉庆八年（1803）两裔共建总祠“敦睦堂”于宁邑西正街（现宁乡市人民路）。1921年九修通谱，2015年十修通谱。至1948年，有男丁27000余人，女口18000余人。

程

宁乡程氏：南宗始迁祖庚一公，讳鹏翮，以字行，新安歙县人，忠壮公二十八世孙，仕元，官部曹。子天麒公，元至正进士，任岳州府知府，迎养来南，遂家平江。十世蛟湖始迁祖庭春公，字敬泉，太学生，文林郎，河南永宁县知县，世居宁邑一都蛟湖（现望城区格塘镇），后移居省城。清康熙五十六年（1717）、清乾隆四十六年（1781）、清道光九年（1829）、清咸丰八年（1858）、清光绪十六年（1890）、1922年、2018年纂修族谱。

傅

浏阳茂田里傅氏：始迁祖演公，字百川，宋端平三年（1236）自江西丰城县迁浏北毛公桥茂田里（现浏阳北乡）。其曾孙千纹徙仙桃湾岭。又三传至仲冬公迁居大江畔，别称大江畔傅氏，余或分徙邑城东街口、邑北傅家滩、大山洞、周落、大湾坑、小洞等处，也有别徙长沙、湘阴者。至清光绪三十三年（1907），已传30代，丁口1800余人。

焦

长沙城南焦氏：一世祖琼公，字渭阳，官威平卫指挥，知云、贵两省军务兼福建卫指挥，明洪武十三年（1380）承旨征调，道经洞庭病故，葬湘阴东城外虎狼冲。至五世祖瑀公生麒、庶。麒公分支湘阴。庶公字绩熙，行二，明弘治二年（1489）徙居善化城南醴陵坡，葬于此，派衍长沙。明嘉靖三十八年（1559）创修族谱，清康熙五十七年（1718）、清道光二十一年（1841）、清咸丰十年（1860）续修，清光绪二十七年（1901）再续时，现丁469人。清同治元年（1862）建支祠于临都三甲夜乾塘。长沙城南焦氏自六世起辈份为：攸分箕裘福，光明正宏常。生人唯立志，树德务知方。慈孝家庭乐，雍和嗣裔昌。湖湘呈瑞彩，钟毓启贤良。

舒

长沙高沙坪舒氏：始迁祖福公，字受甫，原籍江西丰城，明中叶南迁星沙，始居杨梅庄、罗汉庄，继居高沙坪，葬罗汉庄赵家冲。二世祖尹昂，字万峰，生弼、升、宪、佟。弼、升、佟三大房子孙聚族而居，惟宪公徙居湘阴。清嘉庆四年（1799）创建宗祠。清光绪二十四年（1898）续修族谱。

鲁

浏阳鲁家岭鲁氏始迁祖奇可公，明初自江西丰城县迁浏北鲁家岭，衍显、富、通、质、海五支。清光绪十五年（1889）

始修族谱，2008 年续修。字派：奇文添美，至道复光。慎修敦本，守经训方。风崇仁让，典教善良。绍前开后，钟秀发祥。俊才代作，高士名扬。颂声远振，泽遗永昌。

游

湘潭、醴陵、长沙、湘阴游氏：始迁祖崇荣公，字妙祥，一字弼元，行历七，居江西抚州临南寨源四游村，生镒、锡、鉴、铿四子。明初率四子自江西丰城苦竹洲迁醴陵稍岗镇。镒公分迁湘潭，锡公分迁善化，鉴公仍居稍岗镇，铿公与侄万昂公分迁湘阴。清初与临川合修族谱，清乾隆二十年（1755）四合修，清嘉庆年间潭、醴合修，清同治年间湘阴修谱，1916 年长沙白田修，1933 年四邑又合修，二十世纪九十年代各房曾分修，2020 年四再合修，称八修。长沙原派：志兴万大游，贤良应启明。登金光世泽，振翼步云程。忠孝遵先训，诗书裕后昆。显扬原在德，丰足本于勤。

童

长沙金盆岭、湘阴白鹤冲童氏：始迁祖福良公，字黼座，一字公座，号蓝桥，明洪武间由江西南昌县铁树观迁湖南长沙县雾阳都虎踏石童家坊。传三世分两支：贵仲，名兴礼，仍居童家坊。志仲，名兴盈，迁湘阴十八都杨梅铺。贵仲支七世万仓迁湘阴白鹤冲，至十派分三支：成章公名尚得，居白鹤冲童家边山。表章公名尚正，迁居长沙塾塘冲金盆岭侧。用章公名尚泰，迁居金盆岭上手郭家屋。明正德间三房始修族谱，清嘉庆十年（1805）续修，清咸丰三年（1853）三修，清光绪四年（1878）四修，1914 年五修，堂号敦睦。

靳

长沙靳氏：始迁祖望公，明正德年自江南丹徒县迁居长沙。

蓝

浏阳蓝氏：祖居广东潮州府嘉应州长乐县南乡清化都，清康熙年间迁居浏阳。

楚

长沙楚氏：始祖成公，原籍江南凤阳府颍州颍上县黄土坡，明洪武时官鹰阳卫百户，征陕西华州阵亡。长子志端公，明洪武十二年（1379）袭父爵为襄阳卫百户宰，明洪武二十九年(1396)以功授长沙卫千户。后裔世居星沙楚家湖畔。弟志贤公随任迁湘潭，为湘潭始祖。清乾隆三十四年(1769)、清道光五年（1825）、清光绪十一年（1885）、1947 年、2021 年五修族谱。派语: 邦廷司直，道德盛昌。文名振起，勋业发祥。科第绵远，福荫南湘。本枝繁衍，百代传芳。

赖

浏阳赖氏：谱尊宋时世袭殿前指挥使五郎公为一世，生九子即六郎、七郎、八郎、九郎、十郎、十一郎、十二郎、十三郎、十四郎。六郎生虞观、朝美，朝美生明佐，明佐生显佑、显益、显吉，兄弟世居汀州府永定县胜运里。七郎、十二郎、十三郎、十四郎居赣州，八郎居赣州安远县，九郎、十郎居赣州会昌县。后裔明末清初自闽、粤、赣陆续迁浏。清同治十三年（1874）建总祠于邑东文运街。清光绪十年（1884）浏邑总祠纂修族谱，1919 年续修。

雷

长沙、宁乡雷氏：始迁祖进德公，明初由江西历汴城迁湖南宁乡。进通公由江西进贤县迁长沙。德裔分居宁乡赵家河、苦竹塘、白玉山、浅水湾、南田方、杨柳坪，临湘都白田铺、巴陵费子忠等处。通裔分居长沙七甲雷家塅、益阳黄灵塅、湘乡松树塘、浏阳界碑桥、永安、善化谷塘、烧田等。清道光二十年（1840）始修族谱，1935 年三修，二十世纪九十年代各支分修，2019 年五修。清同治年间建总祠于长沙紫荆街。时代楷模雷锋是长沙雷氏杰出后人。

詹

长沙詹氏：始迁祖世明公，明末由江西南昌府南昌县游历荆楚，落业星沙锦都二甲横塘基。至六世永明公，生六子，分六房。清光绪十六年（1890）纂修支谱，1947 年续修。老派：世应云登有永，兴正士俊光忠。新派：定志宗先尚，书声茂善良。仁之培一本，源远庆流长。

鲍

长沙鲍氏：始迁祖光虹公，字映辉，原籍安徽休宁县，幕游湖南，隶籍善化。

解

长沙解氏：一派思远公，讳睿，号明轩，明洪武、成化年间人，自江西官湖广，迁长沙，落业杨林铺。清雍正十年（1732）、清乾隆五十七年（1792）、清同治七年（1868）、1916年纂修族谱。派语：思永廷政，朝兴良宏。宗士必昌，维邦有志。树德钟祥，家传忠孝。书上和康，英才大启。百世联芳。

慕容

浏阳慕容氏：始自陕西，后迁湘乡县瓦子坪桑梓村。明嘉靖三十八年（1559），敬斋公为王府仪宾宗人令，授亚中大夫，侨居长沙省城王府西门。凡三代，明季兵燹，公锡公又迁浏阳郭家园，也有居长沙、善化、攸县、平江及四川巴东、陕西新安者。

蔡

长沙蔡氏：始迁祖用谦公，字德基，原籍燕京，元季从戎，明洪武五年（1372）以武校来长沙。四世文质、文斌，质生孟贵、孟海，斌生孟峪、孟峰。清道光十六年（1836）贵、海、榕三房合建宗祠于走马楼。

裴

长沙裴氏：始迁祖公祥公，明成祖时自江西来楚，始居石泉村，后徙善化三都高塘（今属长沙）。清乾隆元年（1736）

创建宗祠。清嘉庆十五年（1810）始修族谱，清同治四年（1865）续修。派语：太兴仁克旺，永正大朝光。忠孝传家本，诗书世业延。继起钦贤哲，明经汝迪承。文章华国士，富贵德为基。

廖

长沙伍家冲、廖家冲廖氏：始迁祖显先公字光宗，显照公字耀祖，本籍江西南昌，明洪武时迁居善化八都伍家冲、廖家冲。清乾隆年间创修墨谱，清嘉庆二十二年（1817）续修，清宣统三年（1911）三修。清光绪三年（1877）建宗祠于廖家冲。派次：显庭邵聪邦涸启，单之隆原辅开宜。逢世兴通成正士，恒修良善慎为云。

缪

长沙板仓缪氏：始迁祖仁二公，元末明初自江西南昌铁树观迁湖广，卜居长沙县清泰乡飘峰山下的飘峰山村、缪家坳、缪家洞、大垅源、太山坳、板仓余家坳、新屋里、施公冲。缪氏族谱始修于。十二世德甫徙居板仓余家坳。再传两世，派衍三千、向四、廷秀、惟丙、程万五房。清乾隆五十九年（1794）始修族谱，清道光四年（1824）二修、清咸丰四年（1854）三修、清光绪十年（1884）四修、1914 年五修、1944 年六修。2006年缪曼聪主修七修族谱。派语：（自十三世始）兴隆崇祖德，诗礼振家声。邦国昌期会，英才著盛名。该族名人：中国共产党第一位女党员缪伯英。

主要参考文献

宁乡兰溪堂《熊氏族谱》，1840年。

长沙《江陵熊氏长沙东塘世系族戚录》，1990年。

中华熊氏通谱编辑委员会编:《中华熊氏通谱·第五卷》，四川师范大学电子出版社，2012年。

湘乡惇叙堂《湘乡屈氏四修宗谱》，1943年。

长沙《屈氏族谱》，2024年。

罗建平主编:《中华罗氏大成谱》，2019年。

宁乡耐官堂《大沩向氏族谱》，2004年。

向延寿编著:《溆浦向家人》，湖南人民出版社，2015年。

平江河内堂《向氏族谱》，2018年。

石门明辅堂《伍氏族谱》，1910年。

宁乡《伍氏九修宗谱》，1891年。

新化明辅堂《伍氏十一修族谱》，1992年。

长沙《星沙冷木坑吴氏续修族谱》，1928年。

长沙尚义堂《田心刘氏源敏公支谱》，1913年。

湘潭青藜堂《中湘茅田刘氏三修族谱》，1923年。

长沙《田心刘氏三房六修族谱》，2006年。

益阳洛阳堂《贾氏六修族谱》，1913年。

宁乡经术堂《黎氏续修支谱》，1851年。

长沙《长沙乇溪黎氏三修族谱》，1917年。

长沙京兆堂《黎氏四修支谱》，1921 年。

浏阳《绍洲公源流世系》，2015 年。

浏阳六一堂《欧阳三修族谱》，1905 年。

平江《平江欧阳氏族谱》，1984 年。

欧阳日鑫主编：《中华欧阳氏大宗谱》，团结出版社，2017 年。

益阳《中华陶氏资江七续族谱》，1912 年。

宁乡浔阳堂《陶氏六修家谱》，1947 年。

广东《屯门陶氏撮要家谱》，1973 年。

益阳《中华陶氏资江九续族谱》，2021 年。

宁乡《沩宁易氏族谱》，1890 年。

长沙世笃堂《黑石铺易氏续修支谱》，1901 年。

长沙添裔堂《瓦锡田易氏续修家谱》，1942 年。

宁乡广大堂《宁乡丁氏四修族谱》，1924 年。

长沙、湘潭合修济阳堂《丁氏族谱》，1948 年。

醴陵彝叙堂《新田丁氏六修族谱》，2000 年。

长沙《湖南黄氏世谱》，1878 年。

长沙《善化黄氏支系考》，1897 年。

长沙《长沙尊阳黄氏支谱》，1918 年。

宁乡《黄氏八修族谱》，1928 年。

长沙华阳堂《经铿黄氏伯宣公支谱》，1929 年。

长沙继述堂《经铿黄继述堂支谱》，1929 年。

长沙、浏阳合修《官桥黄氏四修族谱》，1934 年。

长沙《山桂黄氏族谱》，2016 年。

长沙金填堂《杜氏谱牒》，1893 年。

平江《杜氏族谱》，1927 年。

宁乡《沩宁杜氏六修支谱》，1945 年。

宁乡河南堂《萧氏族谱》，1890 年。

长沙《长沙萧氏族谱》，1918 年。

浏阳兰陵堂《萧氏三修族谱》，1943 年。

《中华萧氏总谱》，2017 年。

万载、铜鼓、宜春、浏阳、长沙合修扶风堂《马氏宗谱》，1942 年。

宁乡铜柱堂《马氏五修族谱》，1949 年。

长沙《土门冯氏族谱》，年代不详。

长沙四山堂《长沙冯氏续修丁丑谱》，1937 年。

湘潭凌云堂《油麻岭冯氏七修族谱》，2022 年。

株洲凌云堂《霞湾冯氏七修族谱》，2023 年。

长沙、宁乡合修《高矽周氏族谱》，1778 年。

宁乡汝南堂《涧西周氏四修族谱》，1916 年。

宁远汝南堂《周氏族谱》，2006 年。

山东省《元圣裔山东周氏族谱》，2019 年。

望城上谷堂《侯氏六修家乘》，1930 年。

宁乡上谷堂《侯氏四修支谱》，2024 年。

湘潭、长沙合修颖川堂《陈氏族谱》，1914 年。

长沙德星堂《义门陈氏支谱》，1920 年。

长沙、益阳、浏阳合修聚星堂《义门陈氏通谱》，1936 年。

长沙、湘潭合修聚星堂《长潭陈氏三修族谱》，1940 年。

长沙《长沙青山彭氏宗谱》，1512 年。

彭定国、杨布生著：《中华彭氏通志》，文史哲出版社，2006 年。

望城麓谷堂《彭氏六修族谱》，2013 年。

《湖南彭家》，2019 年。

浏阳存真堂《浏南荆坪张氏族谱》，1864 年。

长沙、宁乡、益阳合修孝友堂《张氏族谱》，1888 年。

长沙清河堂《洋湖张氏续修族谱》，1888 年。

长沙《长沙碧湘张氏家谱》，1921 年。

益阳、沅江、汉寿、浏阳、安化合修惠和堂《张氏五修族谱》，1929 年。

邵阳、平江、岳阳、长沙合修清河堂《张氏通谱》，1948 年。

会同鸣珂堂《张氏七修族谱》，1992 年。

益阳、长沙、新化合修《张氏庆云公房支谱》，1999 年。

浏阳、兴宁、安福合修《何氏族谱》，1823 年。

长沙《蛇嘴子何氏五修支谱》，1949 年。

宁乡庐江堂《沩宁何氏十三修族谱》，2025 年。

浏阳、万载合修沛国堂《吴楚朱氏合修族谱》，1872 年。

长沙念兹堂《黄金园朱氏六修支谱》，1945 年。

望城茶亭朱家冲紫阳堂《朱氏族谱》，2022 年。

浏阳光裕堂《清浏谢氏续修族谱》，1910 年。

长沙、湘潭合修宝树堂《长沙白泉谢氏四修族谱》，1935 年。

《湖南谢氏通谱》，2014 年。

长沙《尖山李氏宗谱》，1803 年。

长沙、浏阳合修《星沙李氏支谱》，1878 年。

长沙、湘潭合修甲秀堂《李氏族谱》，1880 年。

浏阳、湘阴、长沙合修陇西堂《李氏族谱》，1924 年。

长沙《善邑牧马李氏四修族谱》，1929 年。

宁乡《湖南宁乡杉山李氏三房家谱》，1994 年。

长沙《长沙金氏祠志》，1910 年。

邵阳孝友堂《金氏二修族谱》，2015 年。

金炯燃编著：《中华金氏二千年》，吉林文史出版社，2018 年。

长沙《尊阳郑氏族谱》，1918 年。

平江《平江郑氏族谱》，2022 年。

杨布生著：《岳麓书院山长考》，华东师范大学出版社，1986 年。

杨布生、彭定国、杨特英著：《中华姓氏通志 · 杨姓》，海南国际新闻出版中心，1994 年。

长沙铜铃堂《蒲塘杨氏族谱》，1995 年。

韶山《韶山毛氏五修谱》，2001 年。

《湖南杨氏通谱》，2013 年。

重庆务本堂《杨氏族谱》2021 年。

长沙谯国堂《曹氏家谱》，1721 年。

长沙三峰堂《楚南曹氏族谱》，1843 年。

长沙三峰堂《湖南三峰曹氏通谱》，1919 年。

《湖南三峰曹氏受五公房族谱》，2022 年。

长沙、浏阳、宁乡合修《武城曾氏重修族谱》，1931 年。

上高、分宜、万载、长沙合修鲁国堂《曾氏族谱》，1943 年。

湘乡《大界曾氏五修族谱》，1946 年。

湘乡丹阳堂《湘乡沧溟左氏九修族谱》，1939 年。

罗正钧著：《左宗棠年谱》，岳麓书社，1983 年。

长沙《重修奎山王氏族谱》，1875 年。

长沙、宁乡合修孝友堂《东湖王氏族谱》，1929 年。

长沙、宁乡合修太原堂《王氏支谱》，1933 年。

萍乡、浏阳、醴陵合修笃亲堂《王氏族谱》，1936 年。

长沙听槐堂《长沙涧湖塘王氏族》，1949 年。

浏阳圣达堂《金滩孔氏五修族谱》，1946 年。

汨罗高平堂《范氏族谱》，1886 年。

长沙高平堂《联合续修范氏续修家乘长邑范氏族谱》，2004 年。

望城《长沙蛇嘴子范氏族谱》2018年。

长沙《谭氏梅园族谱》，1786年。

茶陵县一本堂《谭氏统纂会谱》，1917年。

长沙《硃塘茅园峙谭氏族谱》，1929年。

湘潭永言堂《湘潭射埠谭氏五修家谱》，1941年。

宁乡汝南堂《沩宁袁家河袁氏族谱》，1936年。

《中华袁氏族谱·湖南卷》，2018年。

长沙、湘潭合修雍睦堂《姚氏族谱》，1919年。

长沙《长湘姚氏谱》，1919年。

宁乡六义堂《湖南宁乡文氏八修家谱》，1895年。

长沙崇本堂《文氏三房族谱》，1931年。

浏阳松阳堂《瞿氏族谱》，1869年。

长沙《长沙瞿氏家乘》，1934年。

长沙《长沙虢氏族谱》，2006年。

长沙虢氏三修族谱辅助读物《兴嗣》，2006年。

长沙《浣氏族谱》，2022年。

浏阳河内堂《寻氏六修族谱》，1998年。

宁乡陇西堂《边鹤亭家谱》，2025年。

湖南图书馆编:《湖南氏族迁徙源流增订版》，岳麓书社，2024年。

后　记

忠厚传家久，诗书继世长。族谱是中华民族几千年的历史沉淀。《千年百姓——从族谱中解读长沙姓氏》所参考研究的资料大多来自仰岳楼家谱馆馆藏及各姓氏编修珍藏的族谱。

仰岳楼家谱馆由湖南师范大学杨布生教授在 20 世纪 80 年代创办，经过三代人的努力，目前收藏三百多个姓氏的上万册族谱。家谱馆集收藏、研究、编修于一体，为国人和海外华人寻根问祖、编修族谱提供服务。

杨布生教授一生致力于湖湘族谱研究，参考国史、地方志记录的 59 位山长传记，撰写出版《岳麓书院山长考》一书，让一些名不见经传的山长们从族谱里走出来，丰富完善了岳麓书院的历史，被誉为岳麓书院研究的扛鼎之作。杨岳平、杨印文系杨布生教授的女儿和外孙。他们深受家学浸染，立足长沙本地姓氏，参与撰写《中华姓氏通书·杨姓》《杨姓史话》《中华彭氏通志》《花园杨氏六修族谱》《花园杨氏六修族谱增补篇》《长沙推子山彭氏族谱》《湖南杨氏通谱》《霞湾冯氏七修族谱》，并指导长沙数百个姓氏支系编修族谱，被省科技厅聘请为社会学科普专家。

族谱是百家之言。本书的编撰受到社会广泛关注，一批谱牒精英纷纷参与其中。上至80岁的长者，下到90后的小年轻，组成了极具谱牒特色的专业团队，他们为此付出了辛勤汗水，留下了很多感人故事。由于篇幅有限，不能一一列举，在此选取其中部分优秀代表录名如下：屈鹏程、罗建文、罗建平、罗先华、曹兴国、曹勇、黎福根、黎自力、黎汉辉、黎训华、黎懋劲、黎书梓、冯卫兵、冯启剑、冯敏德、冯雪林、冯海涛、冯俊凯、侯佳林、李美婧、李美琳、李建武、李丹、刘海军、黄万兴、黄灿平、黄善香、黄立新、黄守愚、黄广生、张卉、张崇华、张和智、张鹏飞、郑红亮、丁亿平、丁伦才、杨建成、杨桂华、杨明乐、袁喜平、袁志斌、袁志东、范羽、文岳松、文树雄、姚罗华、金亚林、金磊、朱雄辉、谭文举、边鹏飞等。谨以此方式，对他们表示诚挚感谢！

本书的出版得到了省委宣传部、省地方志编纂院、市委党史研究室、市地方志编纂室及湘潭大学出版社的精心指导和鼎力支持，在此表示衷心感谢。本书还参考、摘录了湖南图书馆编写的《湖南氏族迁徙源流（增订版）》部分姓氏的世系资料，在此一并表示感谢。

限于时间、篇幅与编者的视野和学识，书中难免有错漏欠妥之处，祈望读者不吝指正！

编委会

2025 年 3 月

图书在版编目（CIP）数据

千年百姓 ： 从族谱中解读长沙姓氏 / 中国人民政治协商会议长沙市委员会编著. -- 湘潭 ： 湘潭大学出版社，2025. 3. -- ISBN 978-7-5687-1728-1
Ⅰ. K810.2
中国国家版本馆 CIP 数据核字第 2025BQ3704 号

千年百姓——从族谱中解读长沙姓氏
QIANNIAN BAIXING——CONG ZUPU ZHONG JIEDU CHANGSHA XINGSHI
中国人民政治协商会议长沙市委员会 编著

责任编辑：李志红
执　　行：杨岳平　杨印文
摄　　影：李美婧
封面设计：张博雅　张　卉
出版发行：湘潭大学出版社
社　　址：湖南省湘潭大学工程训练大楼
电　　话：0731-58298960 0731-58298966（传真）
邮　　编：411105
网　　址：http://press.xtu.edu.cn/
印　　刷：湖南雅嘉彩色印刷有限公司
经　　销：湖南省新华书店
开　　本：710 mm×1000 mm 1/16
印　　张：16.75
字　　数：168 千字
版　　次：2025 年 3 月第 1 版
印　　次：2025 年 3 月第 1 次印刷
书　　号：ISBN 978-7-5687-1728-1
定　　价：118.00 元